Du Sens de la Vie

Etude Cosmo-Sociologique actuelle

PAR

MAURICE SCHAERER

BRUXELLES

LIBRAIRIE KIESSLING & Cie

P. IMBRECHTS, Successeur

46,48, COUDENBERG, 46,48

NOVEMBRE 1919

Du Sens de la Vie

Etude Cosmo-Sociologique actuelle

PAR

MAURICE SCHAERER

BRUXELLES
LIBRAIRIE KIESSLING & Cie,
P. IMBREGHTS, Successeur
46,48, COUDENBERG, 46,48

NOVEMBRE 1919

Du Sens de la Vie

Etude Cosmo-Sociologique actuelle

En mémoire de mes regrettés parents
je dédie ces pensées
à ma chère patrie Suisse.

———

Fidèle. oh ma patrie, à ton âme profonde
Je serai ton fils toujours et citoyen du monde.

———

Table des Matières

AVANT-PROPOS

Dans les « Heures de Crise et les Choses actuelles », Ernest Hello, (1) touche au vif un des points saillants de la vie humaine actuelle.

« Il me semble, dit-il, qu'un des caractères du moment actuel, c'est la stérilité de la discussion. » Il dit plus loin :

« La discussion serait stérile et tout le monde le sent. Pour-
» quoi donc? C'est qu'il manque un fonds commun. La dis-
» cussion n'a de fécondité que si les adversaires, divisés sur
» un point particulier, se rencontrent sur le terrain de vérités
» plus générales. Si l'accord existe sur ces vérités plus géné-
» rales il peut se faire à partir d'alors, sur le point particulier
» qui divise des hommes réunis quelque part.

» Dans le cas d'une rencontre quelque part, il y a un point
» d'appui, et c'est un point d'appui qu'Archimède demandait
» pour soulever le monde. »

Nous aussi, nous demandons un point d'appui et nous demandons que ce point d'appui soit solide, qu'il ne soit pas imaginaire. Ce qu'il faut avant tout actuellement, ce n'est pas un « Credo », c'est une connaissance raisonnable du sens de notre vie, c'est le « Savoir ».

Nous ne voulons pas prétendre « tout savoir », mais nous voulons tâcher de comprendre ce qui se présente à notre

---

(1) « Le Siècle »; par Ernest Hello. — Perrin et Cie, libraires-édi-teurs, 35, quai des Grands-Augustins, à Paris.

entendement et pour cela nous ne pouvons faire appel à la foi, nous devons faire appel à la raison.

Nous voulons baser toute notre connaissance sur les données de la perception sensible, nous voulons et devons pour cela rester dans le monde phénoménal, notre connaissance doit et veut donc rester profane et scientifique.

Or, pouvons-nous trouver en deça du transcendant dans la relativité phénoménale un phénomène central qui se caractérise comme étant le « **progrès** » non seulement de la vie humaine, mais de la vie du Tout cosmique?

Dans l'affirmative, nous sommes en possession du **point d'appui** tant recherché et l'accord existant dès lors par la connaissance de ce point d'appui ou de cette vérité centrale, nous pouvons espérer arriver à un accord plus complet, à la réalisation consciente du progrès par la vie consciente et volontaire des hommes.

Et ce point d'appui, **il existe!**

La science reconnaît le progrès de la vie, dans le « **progrès de l'esprit** », Certes, il y a des divergences, il y a des nuances, mais une chose se détache de toutes les recherches, c'est l'esprit, l'esprit se dégageant de l'organisme humain, c'est lui le progrès, le seul progrès que nous puissions constater dans la vie cosmique et humaine par les données de notre perception sensible, par notre raison.

Maurice Maeterlinck, dans « Sagesse et Destinée », prévoit déjà le progrès de la vie du Tout cosmique dans le phénomène de l'esprit qui progresse en élargissant sa conscience.

Les pensées de Bergson et Eucken, surtout de ce dernier, s'orientent vers l'affirmation de ce progrès. Mais la crise que nous venons de vivre a mûri la pensée et nous retrouvons l'affirmation du progrès de la vie par l'esprit proclamée par nombre d'auteurs compétents de nos jours.

Nous trouvons même une conception absolument identique à celle que nous exposons dans cet essai, formulée simultanément avec nous par un penseur belge, M. Henri Lambert, dans son livre « Pax Economica » (2).

Ensuite l'essai de Biosophie que notre éminent compatriote, le Prof. Paul Oltramare, vient de publier sous le titre « Vivre » (3), démontre que l'auteur voit le progrès de la vie humaine dans le rôle de l'esprit qui travaille la pâte humaine et la fait lever pour le plus grand développement des plus hautes valeurs.

Nous pourrions encore citer nombre d'auteurs de différents pays, qui approchent ou proclament une conception analogue; nous ne croyons pas qu'il soit nécessaire de les énumérer tous, car nous ne croyons même pas qu'il se trouve beaucoup de négateurs de ce fait.

C'est dans la connaissance du fait que le progrès de l'esprit, qui se dégage et progresse par l'activité intellectuelle et manuelle des hommes, forme en même temps le seul progrès perceptible dans la vie cosmique toute entière, que nous pouvons trouver pour l'orientation de notre vie individuelle et collective non seulement un point d'appui, mais aussi un guide certain.

C'est pour faire ressortir ce fait, ce phénomène central et suprême, que nous avons écrit cet essai.

Nous connaissons l'imperfection de ce travail. Nous avouons n'être que dilettante dans le domaine si difficile de la pensée philosophique et dans celui des lettres. Peut-être même notre conception du sens de la vie sera-t-elle démon-

---

(2) « Pax Economica », Henri Lambert, Charleroi.

(3) « Vivre », par Paul Oltramare, professeur à l'Université de Genève (publ. par Georg et Cie, S. A., éditeurs à Genève).

trée comme étant erronnée en beaucoup de points. Si malgré cela nous osons faire cette publication, c'est qu'elle exprime une conviction sincère qui veut servir la vérité avec les moyens modestes dont elle dispose.

Cette conviction s'est formée en pleine lutte quotidienne, en pleine vie pratique. C'est un industriel, un commerçant, qui, par cet effort, veut surmonter et vaincre le pessimisme, la tristesse, le dégoût qui menacent de l'éteindre en présence de cette vie en apparence sans orientation certaine, sans autre but que le gain, sans principe élevé. La solution qui s'est imposée à sa conviction lui a permis d'atteindre le but qu'il s'est proposé.

Il a sauvé son optimisme, sa foi en la vie et en l'action.

La tâche sublime que la Nature impose à l'homme, rehausse le sentiment de la dignité et de la responsabilité humaines. Connaissant le but à atteindre et mesurant à cette connaissance l'effort fourni jusqu'à nos jours par le genre humain pour réaliser ce but sublime, l'homme reprend confiance en lui-même et en l'humanité, car s'il sait voir et connaître aujourd'hui le progrès accompli et le progrès à réaliser, c'est grâce à l'effort, au travail incessant, aux sacrifices inouïs que les générations éteintes se sont imposées pour nous léguer cet héritage qui forme l'acquit moral, intellectuel et matériel de l'humanité, de nos jours. Et les souffrances endurées par toute l'humanité par suite de cette guerre meurtrière de laquelle nous venons à peine de sortir, ces millions d'hommes, femmes et enfants sacrifiés dans cette tourmente gigantesque **qui doit sceller l'unité du genre,** nous imposent à nous, qui restons, **une responsabilité immense vis-à-vis des disparus, celle d'assurer cette unité en défendant et en perfectionnant le pacte des Nations du Monde** qui vient de naître.

Mais l'unité et la solidarité du genre humain n'est possible que si les hommes connaissent la tâche commune qui est imposée à leur vie individuelle et collective.

Cet essai cherche à définir cette tâche universelle que nous croyons distinguer dans la Nature. Que notre solution soit démentie, qu'elle soit remplacée par une solution plus vraie, peu nous importe, notre but sera atteint si, de la discussion des idées, il pouvait résulter quelque espoir de progrès pour la conduite de la vie pratique de la population humaine si durement éprouvée.

Il nous est un devoir agréable d'exprimer ici nos remerciements sincères et nos hommages à M. Henri Lambert, de Charleroi, à M. Hubert Kreins, l'écrivain distingué, à Bruxelles, à M. L. Ragatz, professeur à l'Université de Zurich, à M. le professeur Oltramare, à Genève, à M. le dr P. de Mathies, à Genève, ainsi qu'à tous ceux qui nous ont encouragés de leurs conseils et critiques.

Du Sens de la Vie

Étude Cosmo-Sociologique actuelle

En considérant l'homme à son état primitif, on constate
que tant que la nature pourvoit suffisamment à son entretien
physique, comme c'est le cas dans les régions fertiles à climat
égal, où selon toute probabilité sa race a pris naissance, il ne
songe pas ou presque pas à se servir de la force spirituelle
ou intellectuelle latente dont la nature l'a doué. La solution
d'autres problèmes que ceux relatifs à sa conservation et à la
satisfaction de ses désirs matériels ne l'intéresse guère. Il
jouit de la vie tout simplement et sans la comprendre.

Mais à un moment, qui se perd dans les ténèbres de la
préhistoire, cet état fut troublé par le premier problème social
et économique et s'il est vrai que les circonstances exactes
qui l'ont fait surgir nous échappent — ce qui a permis de les
remplacer par des hypothèses variées — il est cependant indéniable qu'il existe un fait qui, à lui seul, a dû aboutir à
poser ce problème : l'augmentation du nombre d'habitants
sur une surface donnée et la difficulté d'approvisionnement
suffisant qui s'ensuit. C'est là que tôt ou tard, mais nécessairement, fatalement, naît le problème social et économique,
problème qui s'est accentué de plus en plus par l'accroisse-
ment ultérieur de la population et pour d'autres raisons, en
donnant naissance à des problèmes sociaux et économiques
de plus en plus complexes.

L'augmentation du nombre de la population par la génération normale est une loi de la Nature. C'est la force vitale qui
se manifeste elle-même par ce phénomène, qui n'est donc pas,
primitivement, une fonction dépendant de la volonté humaine consciente; cette fonction se réalise instinctivement.

L'augmentation croissante du nombre d'individus du genre humain est un moyen que la force vitale crée et emploie pour réaliser la fin qu'elle poursuit. Empêcher ou entraver cette croissance numérique, c'est agir contre la Nature. Or, aucun être créé par la Nature ne peut agir contre elle sans se défaire et s'anéantir, car n'agissant plus pour la Nature, il agit contre sa propre Nature et la Nature l'abandonne comme inutile à ses fins. En rejettant par son attitude les forces vivifiantes de la Nature, infailliblement la forme de réalisation créée par la Nature **pour réaliser les fins de la Nature,** se voue à la désorganisation, à la mort prématurée.

Il n'y a donc que deux alterr /tives à choisir pour l'homme, la vie croissante, c'est-à-dire l'augmentation croissante du genre humain, ou sa disparition de la surface terrestre, car c'est l'augmentation du nombre, des individus qui est la base de tout progrès vu qu'elle forme, comme nous allons le constater plus loin, la base du progrès cosmique.

Comme nous venons de le constater plus haut, l'augmentation de la population donne naissance à des problèmes sociaux et économiques, qui pour être solutionnés, obligent l'homme à se servir d'une façon de plus en plus intense des fonctions de ses sens et de son intelligence. L'homme doit fournir du travail spirituel, il doit perfectionner la force de l'esprit conscient dont il est doué par la Nature.

Par le fait de l'augmentation naturelle de la population, la Nature augmente, par cela même, **la quantité latente** de force spirituelle consciante dans l'Univers. Par l'augmentation de la population, les problèmes soulevés par cette augmentation sont à résoudre **par un travail intellectuel et matériel croissant.** La Nature réalise ainsi le perfectionnement de l'esprit conscient et simultanément, comme nous allons le démontrer plus loin, **la transformation croissante de la matière en force esprit latente.**

En créant par la transformation et l'organisation de la matière la forme et l'organisme humain, la Nature s'est créé simplement une **forme ou organisme de réalisation.** Moyennant cet organisme de réalisation, elle réalise la création d'une **nouvelle force, de la force de l'esprit conscient à l'état latent.**

Par **l'augmentation du nombre** des êtres humains, elle **augmente la quantité** de la force de l'esprit conscient à l'état latent dans l'Univers, car chaque individu ajouté à la masse humaine est un foyer de plus d'où jaillit la force de l'esprit conscient par spiritualisation de la matière. En effet, c'est aux frais de la matière, dite morte, qui, elle, doit fournir tous les éléments constitutifs de la forme humaine et de son entretien, que l'homme est créé et qu'il vit, et c'est à travers la forme humaine que l'esprit conscient se dégage dans l'Univers.

Par le travail spirituel que cette augmentation du nombre impose aux hommes pour faire face aux besoins croissants par l'augmentation du nombre, **elle réalise le perfectionnement** de cette même force et par le travail matériel qu'elle leur impose également, elle oblige les hommes à collaborer activement à la transformation de la matière en esprit conscient.

« Le but final universel » que poursuit la force vitale suprême serait donc, **pour autant qu'il nous est donné de le connaître par notre entendement :**

.. **« La création, l'augmentation et le perfectionnement de la force spirituelle consciente dans l'Univers » par la spiritualisation de la matière.**

Qu'on ne s'effraie pas des mots, qu'on nous écoute!

« La force spirituelle consciente dans l'Univers » dont il est question ici, est la manifestation d'une énergie distincte tout à fait naturelle, et nul n'a besoin de pratiquer le spiritisme ni d'avoir la moindre inspiration religieuse quelconque, ni même de faire de la philosophie métaphysique, pour reconnaître son existence et ses manifestations.

C'est simplement ce que nous sommes convenus d'appeler **l'esprit humain**, notre esprit qui vous parle, le vôtre qui nous écoute et nous comprend, cette même force spirituelle qu'aucun matérialiste ne pourra nier lorsque, pour défendre la conception du matérialisme il déclare avoir recours aux armes de l'esprit.

L'existence, dans la Nature, de l'esprit conscient est donc indéniable et indéniée.

Il est indéniable aussi que c'est justement cette force de l'esprit conscient dégagée par l'organisme humain, **qui constitue le progrès dominant de toute la vie cosmique.** Non seulement l'esprit conscient est, tel qu'il se présente à notre entendement, la force la plus parfaite et la plus puissante, mais de plus c'est la seule force qui se perfectionne et qui semble susceptible d'un perfectionnement illimité.

C'est aussi la seule force créée qui soit à même de se servir de toutes les autres forces et même de la matière pour réaliser ses propres intentions et dont le champ d'action et d'influence devient de jour en jour plus étendu, plus vaste.

En basant toute notre théorie du « Sens de la Vie », que nous développons par cet essai, sur le fait indéniable et indénié de **l'existence et de l'évolution progressive** de la « **force de l'esprit conscient dans l'Univers** », nous ne construisons donc pas sur un article de foi, mais nous **tablons sur un fait d'une réalité concrète** et accessible à l'entendement humain. C'est ce fait que nous avançons comme preuve de notre théorie.

L'homme, par l'organisation dont il est doué par la Nature, est capable de coopérer consciemment et activement à la réalisation de ce but cosmique poursuivi par la force vitale suprême.

Il est à même de coopérer à la création et à l'augmentation quantitative de la force spirituelle consciente dans l'Univers par la génération normale, sans nulle entrave artificielle, par la transformation de la matière brute en matières et produits assimilables aux besoins croissants d'une population toujours croissante, par l'échange libre et rapide de ces produits assimilables entre toutes les populations du globe.

Le travail intellectuel et matériel qu'il fournit pour satisfaire ainsi à tous les besoins matériels et spirituels croissants d'une population humaine toujours croissante, peut être considéré en même temps comme travail préparatif sur la matière pour la spiritualisation de celle-ci. L'action humaine par ses effets se répercute de ce fait dans l'Univers, elle devient créatrice d'esprit conscient.

Le travail intellectuel et matériel fourni en vue de réaliser la transformation progressive de la matière en esprit, trouve sa suprême expression dans l'augmentation numérique de la population humaine; cette augmentation n'est possible que par ce travail qui **crée la possibilité** de fournir à des masses humaines croissantes les moyens matériels et intellectuels nécessaires pour leur évolution progressive.

Ce travail est en même temps la base de l'évolution spirituelle progressive de l'humanité elle-même, par le travail intellectuel et matériel qu'impose la nécessité de solutionner des problèmes sociaux et économiques toujours plus complexes et plus généraux.

Par ce travail fourni par l'homme pour réaliser la création et l'augmentation quantitative de la force spirituelle consciente, le perfectionnement de celle-ci se fait donc simultanément et presque automatiquement jusqu'à un certain point. **Mais cela ne suffit pas;** l'homme doit aider en outre par une action consciente, volontaire et déterminée, à perfectionner la force spirituelle consciente dont il est l'organe et doit travailler ainsi également effectivement **à sa propre élévation et spiritualisation.**

Il arrive à réaliser ce progrès, non pas par une attitude contemplative, mystique ou trasncendante, mais par l'action intelligente et raisonnée de ses fonctions spirituelles **orientées vers la compréhension progressive du véritable sens et des finalités ultérieures de la force vitale suprême.**

Des notions, plus ou moins vagues, de ces finalités ou étapes progressives que veut atteindre la force vitale, nous sont données par l'intuition et la révélation.

L'effort qui consiste à perfectionner consciemment la force spirituelle consciente dans l'Univers ne se réalise que par le travail intellectuel du raisonnement orienté vers la recherche philosophique du sens de la vie, car comme Bergson le dit très bien : « La Philosophie n'est qu'un retour conscient et réfléchi aux données de l'intuition. »

La Religion, en proposant à l'acceptation de la foi et de la conscience, les données de la révélation, ouvre, comme la spéculation philosophique, la route qui conduit l'esprit conscient vers la découverte du progrès ou de vérités ultérieures, vers la découverte du véritable sens de toute vie.

C'est ce retour conscient et réfléchi aux données de l'intuition et de la révélation, qui forme l'orientation progressive et qui constitue le perfectionnement le plus haut de la force de l'esprit conscient dans l'Univers. **C'est là le progrès, le seul progrès auquel peut aboutir toute la vie consciente de l'humanité — la connaissance de plus en plus claire du véritable sens de la vie et la conformation de sa vie aux données de cette connaissance.**

Nous constatons, par ce qui précède, que l'homme, par l'emploi normal des facultés réceptives et créatrices de l'esprit conscient et par l'organisation physique dont la Nature l'a doué, est à même de coopérer d'une façon consciente, pratique et effective à la réalisation du but cosmique poursuivi par la Nature.

Dès qu'il connaît ce but, fût-ce en partie seulement, l'attitude la plus naturelle et la plus sage qu'il puisse prendre est celle de se conformer aux données de cette connaissance.

La Nature de l'homme est créée uniquement pour réaliser le but universel de la vie cosmique et la vie des hommes n'a d'autre sens que celui de coopérer pleinement et consciemment à cette réalisation.

Le but suprême de la vie étant de créer, d'augmenter et de perfectionner la force spirituelle consciente dans l'Univers par la transformation de la matière, les hommes doivent collaborer à la réalisation de ce but, pour autant que cela leur est possible par leur organisme.

La première loi fondamentale qui découle de cette connaissance et qui doit donner l'orientation à la vie spirituelle et matérielle, individuelle et sociale de l'humanité, c'est **d'augmenter incessamment la population humaine par la génération normale.**

De l'obéissance à cette loi dépend tout progrès ultérieur de l'humanité elle-même et de l'évolution progressive, tant quantitative que qualitative de la force de l'esprit conscient dans l'Univers, pour autant que cette production soit imposée et dépendante de l'action humaine.

L'action consciente, intellectuelle et matérielle de l'humanité orientée vers l'augmentation croissante de la population humaine, en vue de la conversion de la matière en esprit, est déterminante pour les relations d'homme à homme et de peuple à peuple, de même qu'elle détermine la relation de l'homme vis-à-vis de la Nature matérielle.

Les relations entre les individus et les collectivités humaines doivent, **avant tout,** comme nous allons le démontrer de suite, tenir compte de ce fait, **qui détermine leurs relations vis-à-vis de la matière** et dont la compréhension approfondie et complète bouleverse d'une façon irrévocable les conceptions traditionnelles et actuelles que l'homme s'est faites et se fait encore d'elle.

En effet, dès que l'homme par le raisonnement inductif arrive à constater que la vie générale de l'Univers se manifeste selon une orientation déterminée, c'est-à-dire qu'il y a réalisation d'un progrès général déterminé; « la production de la force de l'esprit conscient comme résultat d'un progrès de transformation progressive de la matière en énergie consciente « ou » par une spiritualisation toujours progressive de la matière » et si en plus il constate que son propre organisme matériel est constitué par les éléments de cette même matière à laquelle il doit, par conséquent, se considérer comme identique et, partant, solidaire, **qu'il doit donc suivre avec toute la matière une évolution identique vers le même but,** il ne lui est plus possible de considérer la matière comme étrangère ou inférieure à son essence.

La même finalité cosmique est assignée à l'homme et à la matière et pour que l'homme puisse lui-même progresser vers cette fin, il dépend de l'aide de la matière, comme celle-ci dépend de l'aide de l'homme pour pouvoir évoluer vers sa propre spiritualisation progressive.

Homme et matière, manifestations de la même substance et unis par des tendances évolutives identiques sous l'influence de la même force vitale suprême, **ne peuvent se posséder l'un l'autre.**

Ce serait donc aussi absurde de prétendre que l'homme est la propriété ou la chose de la Matière, qu'il est absurde, selon cette connaissance, de prétendre que la Matière, la terre et toute la Nature est la propriété ou la chose de l'homme.

Or, c'est précisément cette conception traditionnelle et actuelle qui est encore dominante dans l'humanité.

L'homme est le Maître de la terre! Il a dompté et soumis la Nature à sa volonté! Il la proclame sa propriété et la partage à son gré. La possession d'une plus ou moins grande partie de cette propriété, de cette chose, est le principal souci des individus et des nations et c'est sur cette conception, **qui constitue une erreur fondamentale,** qu'il construit ses règles de morale, qu'il ordonne les relations entre les hommes.

Il n'y a pas bien longtemps, la même conception erronnée et monstrueuse était encore en vigueur dans les relations d'homme à homme et trouvait sa triste expression dans l'esclavage par lequel des hommes étaient déclarés et considérés comme la propriété, la chose d'autres hommes.

Or, la conception de domination et de possession de la Nature matérielle comme propriété humaine, apparaîtra avant peu comme étant tout aussi monstrueuse et fausse que l'esclavage.

L'homme, de par sa nature et le but vital commun, est identique à la Matière; il n'a ni le droit de la dominer, ni celui de la posséder, mais le devoir de tâcher de comprendre l'unité d'essence et de vie qui lie l'homme à la matière et la matière à l'homme. **Cette unité fait que homme et matière sont faits pour s'entr'aider, pour se soutenir mutuellement en vue de la réalisation de leur finalité commune.**

Cette conception plus adéquate à la Nature même de l'homme et de la Matière, fait reconnaître à l'homme en la Nature matérielle, non pas une chose à posséder, à dominer, à user et abuser, mais bien une partie de sa propre essence, une sœur cadette de l'humanité à laquelle cette dernière, en raison même de sa spiritualisation plus avancée, doit aide et protection active, désintéressé et dévouée. Comme l'esclave, devenu collaborateur libre et co   ient, augmente par son travail et son action intelligente la va   ur même de l'humanité, qui par cette reconnaissance de l'é   lité humaine s'est élevée elle-même à la connaissance de l'identité du genre humain, de même la nature matérielle deviendra un auxiliaire et une alliée plus dévouée, plus utile et plus puissante pour l'humanité, dès que celle-ci aura reconnu l'identité de nature et de tendances qui les lie l'une à l'autre.

La cause profonde des dissentiments, d'animosité et de guerres entre les hommes, cause qui empêchera aussi longtemps qu'elle existera tout progrès ultérieur de l'humanité, qui rendra toute alliance et toute paix illusoire et éphémère, réside uniquement dans cette conception erronnée et monstrueuse qui veut que la Nature matérielle soit la propriété de l'homme, propriété de laquelle il aurait le droit de disposer à son gré et d'user et d'abuser surtout pour la satisfaction de ses passions les plus viles et les plus basses.

La Nature même de la Matière se refuse à ce traitement, elle se venge des abus commis sur elle en faisant tourner tous les effets nuisibles et contraires à sa propre destinée contre l'homme lui-même qui s'en sert en abusant d'elle.

La science et la technique qui forgent hors la matière des armes pour assurer à l'homme, par la conquête brutale, la propriété et la domination de cette même matière, fait tourner la force inhérente à cette matière, la force matérielle contre l'homme en l'écrasant, en le déchiquetant et en le réduisant lui-même en matière. Tout retour à la barbarie est ainsi un retour vers la matière inconsciente, un pas en arrière, **une matérialisation de l'esprit.**

La matière, par sa nature, n'est pas faite pour être propriété et chose possédée; dès qu'elle est abaissée à ce rôle elle réagit, elle enlève à l'homme qui veut la posséder sa sécurité et sa tranquillité, elle l'abaisse à sa condition et en fait son esclave; **l'avarice est l'esclavage de l'homme sous la dictature de la matière.** Elle le détourne de sa haute destinée, de sa mission cosmique.

La Nature matérielle et tout ce que l'homme peut en faire, tout ce qu'il peut en produire, n'a de valeur durable pour lui que si ce produit profite directement ou indirectement à la spiritualisation de l'homme et de la matière et, dans ce cas, mais dans ce cas seulement la matière assimilée par le travail de l'homme pour ses besoins afin de l'aider à réaliser sa mission cosmique, sera pour l'homme un auxiliaire, une aide, une alliée d'une valeur inestimable, elle s'acquittera vis-à-vis de l'homme, de l'action consciente par laquelle ce dernier la rapprochera du but de sa destinée, la conduira vers sa spiritualisation, vers la vie consciente. C'est là le sens et la signification profonde de toute notre production matérielle, de nos usines, chemins de fer, télégraphes, avions, etc., etc.

Il s'agit donc avant tout d'abandonner complètement et d'une façon irrévocable la **conception** erronée, fausse et dangereuse qui permet de considérer n'importe quelle partie, si minime ou si grande soit-elle, de la matière comme possession ou propriété de l'homme..

Nous insistons sur le point que c'est la **conception** de propriété ou de possession qui est fausse et que c'est cette **conception** qui fausse l'attitude et les relations de l'homme vis-à-vis de la Nature matérielle, de même que les relations d'homme à homme et de nation à nation.

C'est sur cette fausse conception que repose la **conception de la propriété** dans la société humaine. Il suffit de s'apercevoir de l'erreur qui réside dans cette **conception fondamentale** pour comprendre toutes les complications et conséquences funestes qui en résultent. L'histoire, jusqu'à nos jours, en fourmille.

L'erreur de vouloir **posséder** en **propriété** une partie plus ou moins grande de ce que nous sommes convenus d'appeler des **valeurs matérielles,** enfante inévitablement des relations inégales et injustes entre les hommes, et partant, l'envie, l'animosité et les guerres, c'est-à-dire la **réaction active** de la matière, la négation qu'elle oppose à nos affirmations fausses.

C'est cette même conception erronnée qui a créé ce faux capitalisme qui, par l'importance inouïe qu'il a prise par suite de l'évolution de la science technique, de l'industrie et de la locomotion, a pu aboutir à la Plutocratie, qui forme actuellement l'obstacle le plus formidable à l'évolution naturelle des masses humaines, par le protectionnisme individuel et national qu'elle enfante. Partout l'homme cherche à monopoliser l'exploitation des services que rend la Nature matérielle en faveur de minorités ou au profit d'une nation à l'exclusion des autres. C'est là la principale, si pas l'unique source de l'insécurité et de l'inégalité dans toutes les relations humaines.

Le seul remède, c'est d'abandonner, de détruire cette conception funeste de **propriété**, qui conduit à l'emploi abusif des ressources offertes par la matière.

Qu'on nous comprenne bien. Détruire la **conception** n'a nullement pour effet la destruction ou l'abandon des services que la Nature matérielle rend et doit rendre à l'humanité, si celle-ci s'acquitte de ses devoirs vis-à-vis de la Nature matérielle.

Nous avons, sans perte pour l'humanité, bien au contraire, détruit la conception qui permettait de considérer et de traiter nos semblables comme propriété, comme esclaves; le même changement radical de notre conception de dominateurs et possesseurs de la matière en celle de protecteurs de la matière et de collaborateurs de la vie universelle ne pourra que profiter à nos intérêts bien compris et aux intérêts de la Nature.

En changeant par la conviction acquise ainsi notre conception traditionnelle de la propriété, nous la remplaçons par une conception plus adéquate à notre Nature et à la Nature de la Matière et avant tout à la Nature et la Volonté de la force créatrice suprême, nous devenons des facteurs actifs, conscients et utiles pour la création universelle.

Nous n'y perdrons rien, au contraire, nous y gagnerons tous, même dans le sens matériel. C'est ce que nous allons tâcher d'expliquer.

La conception utilitariste, altruiste et humanitaire qui pose le principe que l'effort individuel et social doit viser l'intérêt du plus grand nombre, est évidemment juste, car en réalisant l'intérêt matériel du plus grand nombre on réalise nécessairement et simultanément aussi l'intérêt intellectuel ou spirituel de tous et, partant, sans s'en douter ou le connaître d'une façon consciente, également l'intérêt de la Matière et la volonté de la force créatrice.

Mais cette conception utilitariste et altruiste qui est également la conception dominante du communisme Marxiste ou du Bolchévisme, ne vise qu'à une répartition plus égale et plus juste de la **propriété** matérielle et des jouissances et avantages qu'elle procure sans cependant atteindre la cause même du mal, par la destruction complète et radicale de la **Conception même de la propriété et du droit de propriété.**

Le Marxisme qui, en remplaçant la propriété individuelle par la propriété collective, laisse la notion de propriété intacte telle qu'elle nous fut léguée par les Romains, ne résoud pas le problème, il le déplace; au lieu de l'individu, c'est la communauté qui s'usurpe le droit de propriété, qui en use et qui peut en abuser au profit d'une certaine catégorie de la population, qui maintient les places du pouvoir et cela surtout au détriment de la tâche cosmologique de l'humanité.

Nous avons choisi cet exemple et nous allons le développer encore pour prouver que même, si on arrivait à une distribution égale de toute **la propriété matérielle** du monde entre tous les individus en maintenant la **conception fausse** que la Nature matérielle et ce que nous arrivons à en tirer par notre activité intelligente, est la **chose** et la **propriété** de l'humanité solidaire, que même dans ce cas on n'arriverait pas à établir un état d'équilibre économique et moral qui serait capable d'assurer la paix parmi les hommes et de garantir à leur évolution une orientation progressive et consciente.

La conception de propriété n'étant pas détruite, elle continuera à hanter les désirs des hommes, de sorte qu'il faudra pour tenir en respect tous les appétits malsains, déployer et entretenir constamment une force répressive qui, elle-même, ne serait pas incorruptible. Il faudrait donc éterniser la dictature de l'état prolétaire avec toutes les atteintes insupportables que cette dictature, comme toute autre, devrait constamment diriger contre la liberté, pour se maintenir au pouvoir. Nous savons que telle n'est pas l'intention du Marxisme, qui espère, par la période passagère de la dictature même, faire sauter l'humanité du **règne de la nécessité** dans celui de la **liberté.** Mais nous ne voyons pas comment les Marxistes actuels comprennent ce saut libérateur et **eux non plus,** du moins ils ne l'expliquent pas.

Cependant Marx lui-même essaie de le définir (Kapital III2, page 355) :

« Le règne de la liberté ne commence en effet qu'au mo-
» ment où le Travail, imposé par la nécessité et des causes
» d'utilité extérieure, cesse. Il s'ensuit naturellement que ce
» règne ne peut se trouver qu'au dehors de la véritable sphère
» de la production matérielle.

» Comme le sauvage doit lutter avec la Nature pour satis-
» faire à ses besoins, pour assurer sa vie et sa reproduction,
» de même l'homme civilisé doit continuer cette même lutte,
» quelle que soit la forme de sa vie collective et les divers
» moyens de production qu'il mette en action. Avec le déve-
» loppement de la civilisation, le règne de la nécessité s'élar-
» git naturellement parce que les exigences s'élargissent; mais
» en même temps, les forces productives augmentent et par-
» viennent à satisfaire à ces besoins croissants. Dans cette
» phase de l'évolution collective, la liberté acquise ne peut
» consister que dans le fait que l'homme socialisé, c'est-à-
» dire les producteurs associés règlent l'échange de la sub-
» stance dont ils dépendent pour leur vie d'une façon ration-
» nelle avec la Nature. En plaçant cet échange sous leur
» contrôle commun, ils le dirigent au lieu de se laisser domi-
» ner et diriger par les besoins souvent désordonnés qui, de ce
» fait, agissent en force aveugle. De cette façon, la satisfac-
» tion de tous les besoins physiques s'opère par l'effort le plus
» réduit et sous des conditions qui répondent d'une façon
» plus adéquate et plus digne à la Nature humaine. Mais par
» cela les hommes ne sortent pas encore du règne de la néces-
» sité.

» Au delà de cette phase commence seulement l'évolution
» de l'effort humain, **qui voit en sa propre évolution le but de**
» **sa vie;** c'est là le véritable règne de la liberté, qui ne peut
» cependant s'édifier que sur le fondement fourni par le règne
» de la nécessité qui en constitue sa base naturelle. »

D'après cette définition du Maître de la Social-Démocratie
moderne, la réalisation de la collectivité communiste ne peut
pas assurer l'établissement du règne de la liberté affranchie
des chaînes de la nécessité, mais selon lui elle l'aidera effi-

cacement en créant à cet effet des conditions plus favorables.

Ici se pose tout d'abord la question : le règne de la nécessité est une force qui agit dans un sens contraire à la destinée humaine ou l'action de cette force est-elle orientée dans le sens de cette destinée?

Selon notre conception cosmologique, La Vie du Tout, qui comprend la vie humaine, est orientée vers un but déterminé; elle s'organise uniquement pour la réalisation de cette fin. De là, la nécessité indéniable et inévitable de coordonner la vie humaine aux conditions qui permettent de réaliser cette destinée.

Cette nécessité ne peut donc pas être éliminée ou contournée, elle existe et existera toujours.

Comment donc pourrait-on en sortir?

A cela nous répondons qu'il est impossible à l'homme de sortir du règne de la nécessité.

La question doit se poser autrement :

L'homme peut-il arriver à un moment donné à une conception raisonnable et à une réalisation pratique de sa vie où celle-ci ne lui apparaît plus comme conséquence d'une nécessité, mais comme l'expression et la manifestation libre de la vie générale à laquelle il appartient comme parcelle et qui, de ce fait, est effectivement aussi sa propre vie, dès lors correspondante en toute liberté à sa volonté consciente et éclairée?

Ainsi posée la question contient déjà la réponse; elle démontre également que le règne de la nécessité ne se fait sentir à l'homme que si ce dernier ne vit pas conformément à sa destinée, tandis que la nécessité n'est plus sensible et n'existe plus pour l'homme qui veut vivre selon sa destinée, parce que la vie qu'il choisit ainsi librement et en pleine conscience n'est plus la conséquence imposée par la nécessité, mais l'expression libre de sa volonté.

Ce n'est que dans ce sens que nous pouvons distinguer u point de vue humain un règne de la nécessité et un règne e la liberté.

Or, par quels moyens l'homme peut-il réaliser ce règne de liberté?

Selon Marx, ce ne serait que par l'émancipation violente et révolutionnaire du prolétariat international.

Cette formule est surannée, elle est le produit de son heure, influencée par les événements et le milieu dans lequel Marx vivait au moment où il jetait ses cris de désespoir et d'alarme..

En effet, vers le milieu du siècle passé, l'industrialisme et le capitalisme naissants, paraissaient, surtout en Angleterre, devoir engendrer un appauvrissement général de la classe ouvrière et même de la couche inférieure de la classe bourgoise, tandis que tout le capital menaçait alors de se réunir entre les mains d'une minorité toujours décroissante.

Ni l'une ni l'autre de ces éventualités prédites par Marx ne s'est réalisée. Les conditions d'existence des ouvriers et des petits employés se sont améliorées au contraire d'une façon constante, le capital ne s'est pas concentré entre les mains d'une minorité décroissante, au contraire, les capitaux moyens ont accru d'une façon bien plus considérable encore que les grands capitaux. Le cadre de ce travail ne nous permet pas d'étendre ce sujet, mais nous recommandons la lecture du livre « Marxisme contre Socialisme », de W. G. Simkhowitch, librairie Pajot, Paris 1919, qui contient une documentation statistique très complète à ce sujet, qu'il met bien en lumière.

Il est même étonnant de voir que, malgré cette faillite presque complète des prophéties de Marx, prophéties sur lesquelles sont basées les conclusions qui doivent fatalement pousser le prolétariat à la révolte, il se trouve encore des chefs du Socialisme qui prêchent la révolution et des masses ouvrières qui leur obéissent.

Ce fait serait inexplicable et il l'est, en effet, pour ceux qui ne voient pas, et Marx lui-même n'a pas reconnu suffisamment ce phénomène, **dans la croissance incessante des exigences individuelles et collectives,** un phénomène de nature cosmique, un élément indispensable mis en action par la force suprême qui gouverne l'économie cosmique pour assurer la réalisation du progrès cosmique. Nous reviendrons plus loin à ce fait important qui explique jusqu'à un certain point l'influence que la théorie de Marx, cependant dénuée de son fondement principal, exerce encore de nos jours sur les masses qui, en ces points, sont certainement induites en erreur, puisque l'expérience les a démentis. Cette erreur est d'autant plus grave qu'une révolution sanglante ne peut avoir pour effet que la destruction et l'anéantissement complet du fondement économique de la vie humaine et cela précisément, à un moment où toutes les classes de la population et surtout, dans les démocraties de l'ouest de l'Europe et en Amérique, font l'effort le plus magnifique pour améliorer la situation matérielle, intellectuelle et politique des masses populaires en prouvant par cela qu'ils ont compris jusqu'à un certain point déjà le sens du progrès qui doit être réalisé.

C'est la méconnaissance de ces faits et des causes qui provoquent les aspirations croissantes des individus et des collectivités qui conduit actuellement les peuples dans une impasse qui paraît sans issue.

De cette impasse, il n'y a selon nous qu'un chemin pour en sortir, et c'est la reconnaissance logique de la solidarité et de l'uniformité du destin de l'humanité avec l'Univers entier, et partant, avec la Nature matérielle.

Cette reconnaissance de la solidarité des choses et des hommes en vue de la réalisation de la destinée mondiale et de la réciprocité de l'entr'aide qu'homme et nature matérielle se doivent, exclut pour l'homme la conception de possession. Cette conception doit nécessairement se transformer en celle d'un patronage ou d'une **tutelle** que l'homme doit exercer vis-à-vis de la matière en raison de sa spiritualisation plus avancée, qui ne constitue qu'une différence de degré entre homme et matière.

La conception de patronage ou de tutelle confère à 'homme le droit d'exiger et de se procurer de la matière tous les services qui aident à réaliser le destin mondial. Ce roit est donc limité à ce but et ne peut avoir le sens du droit omain, encore partiellement en vigueur actuellement, droit ui se définit par « **jus utendi et abutendi** ».

L'homme n'a pas le droit d'abuser des services que la matière peut rendre pour des fins qui n'aident pas la réalisation du progrès cosmique et encore moins pour des fins qui sont en opposition directe avec ce but.

L'abus qui se sert des forces et des qualités de la matière pour forger des armes de guerre en vue de s'assurer la conquête de biens matériels, est aussi contraire aux lois de la nature que la force brutale qui annexe des populations pour les opprimer et leur enlever par cela la possibilité d'une évolution libre et conforme à leur génie particulier vers la réalisation du but cosmique. De même l'accaparement de richesses matérielles et le mauvais emploi qui enlève l'utilité que ces richesses peuvent avoir pour la **généralité des hommes en vue de leur évolution cosmologique,** est un abus et doit être supprimé, car c'est cet abus qui crée les différentes classes de la population dans une même nation. C'est ce faux capitalisme qui crée le prolétariat qui, nécessairement, par devoir cosmologique, doit s'opposer à la minorité capitaliste et plutocrate qui abuse des biens qu'elle possède. De même la protection et l'empêchement d'une circulation et d'un échange libre de richesses matérielles pratiqués sous forme de protectionnisme par des tarifs d'exportation et d'importation est contraire et nuisible à la réalisation du but cosmique et c'est cet abus de possession de la matière qui crée les inimitiés et provoque les guerres entre les Nations.

Mais si la conception d'un patronage ou d'une tutelle que l'homme assume vis-à-vis de la matière lui confère un droit d'en user conformément aux nécessités créées pour réaliser le but cosmique, elle lui impose en même temps un devoir inéluctable : c'est celui d'aider par son action intellectuelle et matérielle l'évolution de la matière vers une organisation de plus en plus spiritualisée. Il y a donc une réciprocité d'entr'aide qui doit s'établir entre l'homme et la matière et c'est la **nécessité naturelle** de ces relations qui oblige l'homme conscient de cette relativité, à abandonner toute cette conception antique de possession et de domination de la matière pour la remplacer par celle de patronage ou de tutelle qui exprime en même temps le droit de pouvoir exiger et recevoir les services que la nature matérielle peut rendre à l'homme pour l'accomplissement de sa tâche et **le devoir d'aider,** pour autant que cela lui incombe, à transformer la matière en force spirituelle consciente ou du moins à hâter la spiritualisation de la matière. C'est la seule voie qui conduira vers le règne de la liberté ambitionné par tous.

Ces considérations et conclusions logiques que nous enseigne la nature même de l'homme et de la matière, nous obligent, dans l'intérêt bien compris de l'homme et de la matière, à opérer un changement radical de notre attitude vis-à-vis de la matière. Nous n'avons aucun droit de **posséder** quoi que ce soit. Nous n'avons pas non plus, par conséquent, le droit d'user et d'abuser, dans le sens du droit romain. Mais que l'on ne se trompe pas; cette négation de tout droit de propriété, loin d'être une perte pour l'homme, se révèlera comme un gain inestimable et nous allons tâcher de l'expliquer.

La nouvelle attitude de l'Homme vis à vis de la Matière

L'homme devenu conscient de l'orientation déterminée de la vie cosmique toute entière, dont la vie humaine ne forme qu'une partie, vers la réalisation d'un progrès cosmique unique : « la création, l'augmentation et le perfectionnement de la force de l'esprit conscient dans l'Univers », **ne cherchera qu'à réaliser ce progrès.** Le travail matériel et intellectuel qu'il dépensera pour transformer et assimiler la Nature matérielle à ses besoins qui, eux, sont créés par les nécessités exigées pour pouvoir réaliser cette tâche cosmologique, n'aura plus le but final de servir à la satisfaction unique de ses besoins et désirs matériels et de bien-être individuel ou collectif, mais la raison et le but suprême de toute activité productrice sera la réalisation de cette fin cosmique.

La production, l'emploi et la distribution de tous les moyens matériels seront subordonnés à ce but final.

Sachant en outre qu'entre lui et la matière, il y a identité de substance et identité de tendances naturelles vers une évolution vitale identique, il comprendra que le droit de patronage ou de tutelle sur une partie de la matière sera strictement limité pour chaque individu ou collectivité à l'aptitude et l'efficacité qu'ils sauront donner à leur action effective sur la matière par les qualités de leur travail intellectuel et manuel, toujours en vue de la réalisation du but cosmologique.

Il s'ensuit que même le droit de patronage ou de tutelle ne peut être accordé d'après une même mesure matérielle ou communiste égale à tous les individus ou à des collectivités d'un degré d'évolution différent. A celui qui a beaucoup de qualités et de capacités créatrices, il sera d'abord beaucoup demandé ; il devra fournir une mesure d'activité créatrice correspondante à ses qualités et capacités naturelles ou acquises et pour pouvoir réaliser la quantité et la qualité correspondante à son propre degré de spiritualisation et de perfectionnement; il sera ensuite confié à son patronage et à sa direction un nombre de collaborateurs et une quantité de matière **strictement en rapport avec sa capacité transformatrice.**

Aura-t-il pour cela un droit plus étendu à la jouissance matérielle et intellectuelle que pourrait lui procurer une consommation ou une accumulation plus grande et plus variée de produits matériels ou de distractions spirituelles improductives, ou encore aura-t-il droit à des vacances et des voyages superflus et inutiles pour la conservation de sa santé ou à l'accomplissement de son devoir cosmologique?

Non! la récompense proportionnelle à son action plus ou moins efficace et étendue sera avant tout la position morale et organisatrice qu'il occupera dans la société humaine et la satisfaction intérieure qu'il éprouvera par la conscience qu'il aura de la dignité et de la valeur cosmique de sa propre vie et du sentiment élevé que lui procurera l'accomplissement consciencieux de son devoir universel.

Serviteur obéissant et collaborateur conscient de la force vitale suprême, non seulement il ne cherchera plus à posséder la matière, mais les désirs exagérés vers des jouissances et des plaisirs inutiles et matériels s'effaceront d'eux-mêmes devant l'ambition qu'éveillera en lui la connaissance de la dignité et de l'utilité de sa vie pour la réalisation du but cosmique pour lequel elle est appelée à servir conformément à sa nature et à son essence.

La quantité de biens matériels confiés à la tutelle des individus et des collectivités se trouvera donc dans chaque cas limitée par la capacité transformatrice et productive de l'individu ou de la collectivité respective. La production ne devant servir qu'à des fins utiles à la réalisation du but cosmique, sera tenue à la disposition de la collectivité humaine à cet effet.

Les besoins et désirs matériels servant à l'entretien et au bien-être physique étant, pour tous les hommes conscients de leur rôle cosmique, sensiblement les mêmes, il est à prévoir qu'un nivellement égalitaire des exigences et, partant, des dé-

penses, s'opérera librement et fatalement tout en gardant à la vie de tous la variété originelle que chaque individu ou nation saura exprimer par son génie individuel ou national. Le nivellement automatique n'est pas une utopie, car nous le voyons déjà maintenant s'opérer effectivement dans des pays gouvernés selon des principes démocratiques sains, telle qu'en Suisse, par exemple, où les plus hauts magistrats ne sont pas mieux rémunérés qu'un bon commerçant, médecin ou avocat, et il va de même pour toute l'échelle sociale et cela d'une façon croissante.

La réalisation pratique de la vie selon la conception cosmique conduirait donc automatiquement vers une **vie égalitaire ou communiste**, mais à la seule condition que la majorité des hommes devienne consciente du devoir cosmologique et qu'ensuite ils subordonnent librement leur vie pratique à cette connaissance.

La forme de vie égalitaire ou communiste ne peut être réalisée autrement.

Elle ne peut être que le résultat d'une vie nouvelle, orientée vers la réalisation du but cosmique. Elle présuppose donc avant tout un changement radical de la mentalité des hommes à l'égard de leurs rapports vis-à-vis de la matière.

Vouloir, comme le Bolchévisme, établir cette égalité **secondaire en elle-même et exclusivement matérielle** sans changer l'orientation de la vie dans le sens cosmique, sans transformer d'abord la conception erronnée de la propriété, ne peut que conduire au gâchis et à l'anarchie. **La révolution doit être spirituelle, elle doit se faire dans le domaine des idées et non par la force brutale dans le domaine matériel.**

C'est une réformation de la pensée qui est primitivement nécessaire et non une révolution sanglante.

On nous objectera qu'un tel renversement des idées et habitudes acquises paraît simplement impossible et on aurait raison de nous l'opposer, si l'on entend par là que ce changement de la mentalité humaine devrait se produire exclusivement par une décision libre de la volonté humaine, **décision qui ne serait pas motivée par la nécessité d'adapter la vie à des conditions évolutives nouvelles.**

Mais cette éventualité de devoir prendre une décision sans nécessité, ne se présente pas, se crée pas spontanément; si la nécessité d'un changement et d'un renouvellement des idées que l'homme s'est faites jusqu'à un moment donné de la signification de sa vie, devient consciente, **c'est qu'elle s'impose à la génération à laquelle elle se révèle** et tout ce que les hommes peuvent faire, c'est de constater cette nécessité et de tâcher de la comprendre pour pouvoir conformer leur vie aux nécessités évolutives nouvelles.

Le vrai réformateur ne crée pas de nouvelles idées et conceptions, il ne fait qu'exprimer des réalités qui lui apparaissent un peu plus tôt qu'à la grande masse humaine.

C'est par nécessité aussi que l'humanité est contrainte de chercher actuellement pour sa vie une orientation nouvelle plus conforme à la réalité de la vie cosmique, de laquelle elle forme une partie dépendante et active en même temps.

La crise formidable et douloureuse par laquelle nous passons nous découvre clairement les erreurs de nos conceptions précédentes et surtout notre erreur à l'égard de la matière.

Et c'est cette nécessité créée par la marche progressive ininterrompue de l'évolution de la vie cosmique, sous l'impulsion de la force vitale suprême, qui nous obligera à réaliser, nous aussi, le progrès dont la silhouette qui se découvre à nos regards nous effraie et nous rend petits et incrédules en notre propre force devant la grandeur de la tâche qu'elle nous montre. Et cependant, puisque nous sommes, puisque nous vivons et puisqu'il nous est donné d'apercevoir une vérité nouvelle, puisque nous pouvons la comprendre raisonnablement, sommes-nous en droit de douter de pouvoir réaliser l'œuvre que la Nature nous impose, à nous, qu'elle a créés et doués de toutes les facultés qui rendent possible la réalisation de la tâche sublime qu'elle nous confie?

Non, ne doutons pas, soyons grands dans cette heure terrible et sublime, soyons grands par notre obéissance et par notre collaboration humble mais active et consciente. Et pour cela, nous devons avoir le courage de préparer les masses humaines pour la nouvelle attitude que nous devons prendre vis-à-vis de la matière. Ce changement fondamental peut et

doit s'opérer très rapidement, car d'une part il est soutenu et
aidé par le procès évolutif lui-même, qui progresse actuellement, comme nous allons le démontrer plus loin, avec une
vitessee vertigineuse en ce qui concerne l'humanité, d'autre
part, si l'évolution progressive de l'humanité n'est pas dirigée
vers une adaptation consciente, pacifique et rapide, ce retard
provoquera une nouvelle crise plus gigantesque et terrible que
celle que nous venons de passer — la révolution sociale internationale — qui nous menace déjà de très près.. La réalité de
ce danger devient clairement visible si nous nous rendons
compte des effets que doit provoquer **la vitesse potentielle**
que la Nature impose, avec la force d'une loi naturelle, à la
marche de l'évolution progressive de l'humanité et de la matière vers sa spiritualisation.

Loi sur la Vitesse potentielle

dominante du mouvement evolutif et progressif
de la Vie sociale et cosmique

Nous avons pu constater, par ce qui précède, que l'augmentation naturelle de la population humaine constitue l'élément principal de tout progrès social et, partant, cosmique. A ce sujet, le Professeur Ch. Lagrange écrit (Mathématique de l'Histoire, p. 851) (1)

« Quelque variables que soient les fluctuations acciden-
» telles de la population du globe, celle-ci subit néanmoins
» une augmentation séculaire soumise à une loi de **progres-**
» **sion géométrique.** »

La croissance de la population du globe est un fait incontestable et nous comprenons, sans autre, qu'il doit en être ainsi, surtout de nos jours, où le développement inouï de tous es moyens de production, de distribution et de locomotion, ssure à lui seul l'entretien physique d'une population sans esse croissante.

Les progrès inouïs réalisés durant les dernières décades ar les sciences, la technique dans tous les domaines de l'acivité productive et distributive, a créé une base intellectuelle t matérielle d'une solidité et d'une étendue telle qu'elle ormé un terrain de culture idéal pour l'éclosion d'un proès cosmique **sans précédent dans l'histoire de notre globe.**

Toutes les conditions qui assurent une augmentation croisante et sans précédent de la population humaine du globe tant posées, il n'est pas douteux que cette augmentation se éalise.

(1) Mathématique de l'Histoire. — Bruxelles, Kissling et Cie, par h. Lagrange.

Mais avec l'augmentation du nombre les problèmes sociaux de toute nature se compliqueront davantage et leur solution exigera un travail intellectuel plus intense encore de tous les individus. Par ce fait l'esprit conscient se perfectionnera, non seulement en raison et en rapport direct avec l'augmentation du nombre, mais encore en rapport avec l'augmentation et la croissance des exigences et des désirs de tous les individus.

Non seulement l'augmentation de la population se fait donc selon une loi de progression géométrique, mais le perfectionnement de l'esprit conscient, sous l'influence de cette croissance numérique et de la croissance des exigences individuelles, suit et devance cette évolution avec une vitesse croissante ou potentielle également.

Le problème de la croissance des exigences individuelles devient compréhensible, **il apparaît nécessaire et naturel** et constitue également un facteur qui assure une marche rapide vers le progrès cosmique.

En effet, l'abandon de la lutte pour la possession des biens matériels et l'orientation nouvelle qui dirige l'effort actif de l'humanité vers la réalisation de sa tâche cosmique, ne signifie pas un retour à la Nature et à la vie pratriarchale improductive et simpliste. Ce n'est pas par la suppression ou par la diminution des exigences multiples que les hommes réclament de la vie et de la nature, que le but cosmique peut être réalisé, mais par une transformation des exigences surtout matérielles et souvent basses, en exigences qui rehaussent et enrichissent la vie humaine par les trésors de l'esprit, qui leur procure tous les moyens par lesquels la réalisation du but cosmique, leur propre spiritualisation et la spiritualisation de la matière, sera facilitée. A cet effet, les exigences doivent se multiplier et s'intensifier **tout en changeant de caractère.**

Les hommes, en orientant leur vie vers la réalisation du progrès cosmique, devront avant tout exiger une instruction solide et complète, adaptée à la mission qu'ils doivent remplir, **pour tous les individus sans exception.**

La mise en pratique de cette condition exigera à elle seule déjà une production et des moyens matériels plus considérables et variés que n'exigeait tout l'entretien physique de la masse des populations grossières dans les siècles écoulés. En outre, le sentiment de leur dignité comme collaborateurs de la force créatrice éveillera en eux le désir d'organiser leur vie en rapport avec la tâche qu'ils doivent accomplir. Ils ne voudront plus vivre dans des taudis, ils ne voudront plus mener une vie de bêtes de somme; ils exigeront des habitations ensoleillées, gaies, hygiéniques et conformes à leur sentiment élevé de la vie et de leur dignité. Pour satisfaire les exigences croissantes dans tous les sens, qui peuvent rehausser la vie spirituelle pour libérer les masses toujours croissantes d'un travail d'esclave et les faire participer à la véritable tâche spirituelle et mondiale, il faudra tout en réduisant les heures nécessitées pour des travaux purement matériels, chercher à augmenter et à intensifier tous les moyens de production et de transformation de la matière pour la rendre assimilable aux besoins croissants des hommes. C'est ainsi que l'homme se contentera de moins en moins de la production qu'il saura fournir par ses propres forces matérielles et naturelles et qu'il amènera les forces de la nature, telles que la vapeur, l'électricité, les courants magnétiques, la force atomique, etc., à réaliser pour lui et sous la direction de l'esprit de plus en plus conscient, la transformation croissante de la matière qui conduit cette dernière vers la vie consciente.

La croissance et l'augmentation incessante des exigences individuelles est donc une nécessité et un facteur de progrès. C'est un phénomène naturel qui explique toute l'acuité actuelle du mouvement social, tout le mécontentement des grandes masses humaines qui se traduit par les crises formidables qui bouleversent actuellement la vie de tous les peuples. C'est que l'évolution sociale, intellectuelle et matérielle de l'humanité est arrivée à un tournant décisif qu'elle doit franchir, qu'elle le veuille ou non, sous la poussée irrésistible de l'évolution cosmique toute entière.

C'est pourquoi il est nécessaire de comprendre le motif profond et lointain de cette croissance des exigences individuelles et des exigences des masses populaires, exigences positives pressantes, impatientes mais dont la signification reste obscure et paraît immodérée à la majorité des hommes dirigeants, tandis que les individus et les foules obéissent à cette poussée d'exigences sans les comprendre, d'une façon instinctive et inconsciente encore.

Nous voyons donc cette loi dominante du mouvement évolutif de l'humanité agir par la vitesse potentielle, ou progression géométrique, dans le phénomène de l'augmentation numérique de la population, dans celui du perfectionnement de la force de l'esprit conscient et de l'augmentation quantitative de cette force, ainsi que dans le phénomène de la croissance des exigences individuelles et collectives.

Et tous ces facteurs provoquent à leur tour une transformation et une assimilation croissante de la matière, par la production de plus en plus mécanisée, en produits et objets assimilables aux besoins croissants des hommes, ce qui équivaut à une humanisation et finalement à une spiritualisation croissante de la matière, qui trouve son expression suprême dans l'augmentation numérique du genre humain.

En tenant compte de ce mouvement évolutif sans cesse accéléré par les divers facteurs que nous venons d'énumérer, facteurs qui agissent indépendamment de la volonté humaine sous la poussée de la force vitale suprême et selon des lois cosmologiques inévitables, nous comprendrons mieux la nécessité qui nous oblige à conformer notre vie aux réalités nouvelles qui se découvrent à notre entendement.

Nous comprendrons également que le progrès social et en particulier la vie sociale égalitaire ou communiste, ne pourra pas être réalisée par la révolution sanglante et la force brutale, mais que cette égalité communiste, s'établira librement et uniquement par suite d'une orientation nouvelle de notre mentalité et de notre vie.

Or, ce changement d'orientation de toutes nos ambitions spirituelles et matérielles vers une vie de plus en plus en rapport avec l'orientation vitale de l'Univers, se réalisera sous la poussée de la vie générale avec une rapidité bien plus grande que nous ne pouvons le prévoir; elle s'établira malgré nous et en provoquant des crises terribles dans l'humanité, si nous sommes trop bornés pour discerner sa marche progressive; elle s'établira au contraire pacifiquement et en comblant notre genre d'une satisfaction intérieure et d'un bonheur élevé si au lieu de nous opposer inutilement à l'avènement du progrès cosmique, nous nous décidons virilement à assumer notre devoir cosmique en aidant volontairement et librement, par toutes nos forces, à réaliser le but cosmique qui s'est découvert à notre entendement.

En tenant compte de toutes les circonstances et conditions qui influencent notre vie, nous ne doutons pas que le réveil de l'humanité à cette réalité ne se fasse sous peu.

La raison la plus forte de notre optimisme à ce sujet est celle que **l'humanité doit réaliser ce progrès inévitable vers lequel elle est incessamment poussée par la Nature.**

Des Relations interhumaines

Par ce qui précède, il devient évident que les relations in-terhumaines subiront l'influence croissante de la connaissance raisonnable du but de la vie cosmique, but qui domine également la vie humaine dans toutes ses manifestations les plus simples et individuelles aussi bien que dans leurs expressions collectives et sociales, nationales et internationales.

Le fait dominant que la nouvelle conception de la vie met en lumière, c'est celui de la constatation **d'un but de vie pratique et commun,** accessible à l'entendement humain, but qui explique et donne une signification toute nouvelle à toute l'activité productrice des hommes et aux revendications de la solidarité humaine.

Car le but commun qui doit être réalisé par tous individuellement et collectivement, fait comprendre aux hommes qu'ils forment et doivent former en toute réalité une société coopérative et solidaire destinée à réaliser un but qui dépasse tous leurs intérêts individuels ou collectifs, tout en liant et en unissant ces égoïsmes particuliers à l'égoïsme ou à l'unité du Tout cosmique. **Comprendre** que la réalisation de l'intérêt cosmique est en même temps la réalisation la plus complète et la plus parfaite de tout intérêt particulier, individuel ou national; **c'est là l'exigence et la nécessité de l'heure présente.**

Et c'est par l'entendement que, tous, nous devons arriver à cette nouvelle conception raisonnable de la vie, ce n'est ni une affaire de sentimnt, ni une affaire de foi, c'est une affaire de Raison et de Savoir.

En écrivant ces pages, nous ne cherchons pas à trouver des croyants et des adeptes pour une doctrine idéaliste ou sentimentale, mais nous demandons à tous ceux qui les liront qu'ils y appliquent une critique purement raisonnable, qu'ils n'en retiennent que les faits qu'ils reconnaissent eux-mêmes comme réalités et vérités évidentes.

Et toute la question se résumera à savoir si réellement la force de l'esprit conscient qui se dégage de l'organisme humain, constitue sur tout ce qui existe dans le monde intelligible un progrès, progrès qui évolue et se perfectionne, qui progresse dans le sens de la quantité aussi bien que dans celui de la qualité, sous l'influence irrépressible de la force vitale suprême et par l'action consciente des hommes.

Ce fait, qui forme la preuve de notre conception, peut être simplement constaté par notre raisonnement et par nos sens, qui reconnaissent sa réalité et se rendent compte des effets réels qu'il provoque. Mais en dehors de ce procédé inductif, nous pouvons aussi contrôler et faire, pour ainsi dire, la preuve de notre prétendue constatation raisonnable, en cherchant à définir les conséquences qu'entraînerait pour la vie des hommes l'acceptation du but proposé à leur vie active individuelle et collective.

C'est un effort dans ce sens que nous nous proposons de tenter par ce qui suit.

La Vie individuelle

Sous vie individuelle nous entendons la vie de l'individu isolé dans la collectivité humaine et, pour être plus précis encore, la vie du célibataire indépendant qui, légalement et abstraction faite des charges que l'Etat, dans sa constitution actuelle, lui impose, soit sous forme de contributions, soit sous forme de services personnels en faveur de la collectivité ou de la nation à laquelle il appartient ou avec laquelle il vit, n'a d'autre charge que l'entretien de sa vie individuelle.

Quelle sera donc l'orientation de sa vie en admettant qu'il cherche à la faire concorder effectivement avec la connaissance du but cosmique qui nous occupe?

Dans ce cas, n'importe quel sera le champ d'activité qu'il aura choisi, il se demandera avant tout si, réellement et dans quel sens, son activité productive, qu'elle soit intellectuelle ou manuelle, contribue à la réalisation du but cosmique, car sa satisfaction intérieure dépendra de la réponse affirmative qu'il trouvera à cette question impérative, de la conscience qu'il aura de son Unité avec la vie cosmique.

La première question qui dominera toutes les autres ne sera donc plus celle du gain, mais ce sera **une question de conscience,** celle de l'utilité de sa vie pour le Tout cosmique; ce sera encore une **question de devoir,** celle de savoir s'il remplit, par son activité, son devoir universel.

Admettons que ce soit un jeune paysan ou un simple ouvrier agriculteur qui se pose cette question. Il devra trouver une réponse très belle et encourageante en analysant l'effet cosmique de son travail si humble en apparence.

Nous le voyons, le jeune homme, derrière la charrue qui creuse les sillons en transformant ainsi la surface de ce coin de terre en un vaste champ de culture, qui se montre fier, beau et régulier, en quelque sorte ennobli et spiritualisé par ce travail patient que l'homme lui fait subir.

Quel est le langage qui se dégage puissant de cette terre noire et soigneusement rangée. Ne dit-elle pas au jeune homme : « Prends-moi! Aide-moi! Je me donne à ton effort. Je te rendrai les pensées, le travail, la sueur que tu dépenses pour moi. Oh oui! je te les rendrai, non seulement par la récolte, mais par un amour pur qui t'attachera à moi, à la terre que tu aimeras, non pour ce qu'elle te donne de gain, mais pour ce qu'elle te donne de jouissance et de satisfaction intime et pure, car nous nous comprenons, nous avons un langage à nous et **c'est une unité qui se révèle entre nous**; oui cette unité que nous sentons, qui fait que je serai toujours plus pour toi que tout ce que tu pourras y récolter.

Et plus tard, quand tu reviendras d'une longue absence, nous nous reconnaîtrons, nous nous comprendrons encore, même si je ne te donne plus de gain, il me restera ton amitié pure et fidèle et je subirai tes caresses douces et fraternelles.

Oui, mon cher petit paysan, j'ai compris ces sentiments qui s'exprimaient si naïvement, presque inconsciemment, par tes paroles si simples. Et quand le lendemain nous étions sur la montagne, quand arrivés au tournant où les sapins s'écartaient pour nous ouvrir la vue sur le lac d'un bleu si pur et qui semblait dormir à nos pieds, quand les champs couverts de narcisses se découvraient à nos yeux, quand les cimes majestueuses des dents du Midi brillaient dans le soleil devant nos regards enthousiastes, toi tu me prenais par le bras et de ta main tu montrais dans le lointain le village de Villeneuve et là-bas, regarde, me disais-tu, **notre champ,** vois-tu le toit rouge de notre hangar; ah! regarde à droite ce coin, il est déjà tout vert et il y a à peine huit jours que nous avons semé. Ah! elle rendra bien cette terre et je me réjouis de voir pousser et grandir le blé.

Entouré de la plus belle nature sauvage et vierge, tu ne voyais que le coin de terre auquel tu avais donné tes soins et ton travail, ce coin qui de loin semblait t'attirer et te rendre l'attachement si vrai qui s'exprimait par tout ton être, ce sentiment d'unité profonde qui lie l'homme à la terre et surtout à la terre qu'il soigne, qu'il veille et qu'il travaille. Tu l'as compris un peu plus tard, quand nous étions assis sur la hauteur du col de Sonloup, quand je t'expliquais que cette terre, morte et cependant si vivante et si caressante, aspirait vers une vie plus riche, vers la vie consciente, vers la vie de l'esprit et que ton travail si modeste et humble signifiait pour elle sa libération, son réveil à une conscience prochaine; oui, alors tu as compris la grandeur de la mission humaine et la noblesse de ta vocation pour l'agriculture.

Alors tu as entrevu dans le lointain une vie heureuse, tu as compris que ce travail pour la terre serait en même temps un travail pour la culture et le perfectionnement de ton esprit, de ton âme. Ton cœur si bon se réjouissait de pouvoir aider la terre, il se réjouissait d'être aidé et récompensé par elle et un grand espoir s'éveillait en toi, la réalisation de ton rêve d'enfance quand, à ta sœur, bien-aimée, qui était pour toi une petite mère, tu promettais le plus beau parc et les plus beaux fruits du monde. Oui, mon cher petit homme, la terre te rendra plus que tu ne pourras lui donner toi-même et tu seras à même de donner aussi, de donner à ceux que tu aimes, de donner à ceux qui ont besoin, car tu seras créateur à mesure que tu sauras servir tes prochains et la terre et par cela obéir à la volonté de la vie suprême.

Et lorsque, en quittant la hauteur, tu me disais tout le bonheur que tu ressentais d'avoir enfin, après de longues hésitations, découvert ta vocation profonde pour ce beau métier d'agriculteur et de paysan, je t'enviais en te félicitant, car vraiment c'est par ce travail productif et simple, le plus ancien qui soit, que l'homme s'est ouvert la route de son ascension vers la vie plus haute, vers la vie de plus en plus consciente, vers la vie spirituelle éclairée. Et la nouvelle conscience qui se forme en lui et qui montre à son entendement la haute signification du travail par lequel il aide à conduire la matière vers la vie consciente, n'est-elle pas faite pour le faire aimer davantage encore, non seulement ce travail de paysan, mais n'importe quel travail qui aide à transformer, à assimiler la matière aux besoins des hommes et par là à humaniser et enfin à spiritualiser cette « belle au bois endormie » qu'est la nature matérielle.

Eclairé par cette connaissance du sens de la vie, y a-t-il un travail qui n'aie pas son fond de noblesse?

Le balayeur de rue, ou la femme à journée, qui assurent par leur travail la propreté et l'hygiène des centres habités par une multitude, n'ont-ils pas la mission de protéger contre des maladies et des épidémies, contre la dégénération, les porteurs sacrés de l'esprit conscient? Leur travail, par son effet immédiat et lointain, n'aide-t-il pas à la croissance et à la perfection de la force de l'esprit conscient?

Et l'ingénieur, le mécanicien, le serrurier, le mineur, ne transforment-ils pas la matière la plus résistante, la plus compacte, en outils, en machines, qui produisent en abondance tout ce dont l'homme a besoin pour assurer son ascension vers l'esprit en facilitant, en simplifiant sa vie matérielle et productive, en le rendant plus libre du travail absorbant par le fait de capter et d'utiliser pour la production les forces de la nature même, l'eau, la vapeur, l'électricité, la lumière, et d'amener ainsi la nature matérielle à travailler elle-même, sous la direction de l'esprit conscient et éclairé, à sa métamorphose en force spirituelle et consciente.

Et ainsi tout travail productif qui aide à assurer une vie plus haute et matériellement plus facile et plus digne à tous les êtres, toute réalisation technique qui facilite et rend possible un échange libre et plus rapide des idées et des produits matériels, réalise et aide à réaliser d'une façon inestimable, le progrès et l'évolution cosmique de l'homme et de la matière vers une vie consciente, éclairée, de plus en plus belle, de plus en plus spirituelle.

En constatant ainsi la haute signification, la nécessité et la valeur égale du travail matériel le plus humble au travail intellectuel le plus élevé, n'arrivons-nous pas à la conception claire et nette de la solidarité de tous les êtres et de leur valeur pour les fins cosmiques? Cette constatation ne nous confirme-t-elle pas ce sentiment vague qui s'exprime par la revendication d'un droit égal pour tous à la production collective, droit qui doit faciliter à chaque individu selon ses mérites l'ascension la plus haute vers sa propre spiritualisation et son action la plus complète et proportionnée à ses dons naturels et à ses capacités productives sur la matière?

La réalisation du but cosmique apparaît à tous alors comme le seul but de leur travail et la question du gain se réduit à la nécessité d'assurer à tous une existence et un milieu d'existence qui facilite et accélère leur évolution spirituelle relative; existence matérielle confortable, appropriée au genre de travail qu'ils se sont librement choisi, en obéissant à leur vocation intérieure et correspondante à l'effort qu'ils fournissent.

La production n'a plus alors le sens de produire des richesses pour en abuser par une vie luxurieuse et improductive, vie qui serait en contradiction avec les conditions cosmiques, mais elle révèle sa signification sacrée, elle est le moyen par lequel la population humaine remplit sa destinée vis-à-vis d'elle-même, vis-à-vis de la matière, vis-à-vis de l'Univers et vis-à-vis de la force vitale suprême; elle produit, augmente et perfectionne la force spirituelle consciente par son action consciente et volontaire.

Ainsi l'individu isolé remplit une première partie de son devoir cosmique et si, pour des raisons sérieuses et insurmontables, il ne lui est pas possible de contribuer par une génération naturelle à l'augmentation de la population et par là à l'augmentation de la quantité de force spirituelle latente dans l'Univers, il reste néanmoins un facteur utile de la vie cosmique et peut atteindre les degrés de perfection et de spiritualisation les plus hauts.

Mais c'est vers la vie collective, vers une véritable coopération active et effective en vue de la réalisation pratique du but cosmique, que l'évolution de l'humanité est orientée par la force vitale suprême et cette vie collective prend naissance dans l'union des sexes qui réalise, d'une part, la métamorphose de la matière dormante, inconsciente, en chair et organisme humain doué de la vie de l'esprit, devenant de plus en plus conscient par l'exercice et le perfectionnement de cette force sous la poussée par laquelle la force vitale suprême oriente, vers une spiritualisation toujours plus pure, le genre humain.

Ici apparaît un problème qui, de tout temps, agite l'esprit

humain et dont les solutions si diverses témoignent, par leur diversité même et l'opposition qu'elles se font, que la véritable solution reste encore à découvrir. Nous voulons parler du problème des relations entre homme et femme, base de la vie collective.

Intimement lié à ce problème, reste celui de la liberté individuelle, car la solution de cette question s'impose simultanément avec celle de la vie collective.

La Vie collective

et la Liberté individuelle

Deux principes en apparence ennemis et inconciliables semblent naître avec le problème de la vie collective : le droit collectif et le droit individuel. Déjà avec l'apparition de la vie collective entre homme et femme, le principe collectif s'annonce par le fait que l'autorité est réclamée par un des deux partis; cette autorité est une limitation de la vie individuelle de l'un qui s'étend à la progéniture et à la tribu. De là le droit de l'autorité dans la collectivité naissante est conféré à un chef ou à une représentation des tenants de l'autorité familiale ou des tribus qui forment l'Etat et ainsi sur toute l'échelle de l'évolution collective de l'humanité, nous voyons le droit collectif s'étendre et limiter le droit individuel.

Cette opposition tend, selon toute apparence, actuellement vers un arrangement qui semble, dans la démocratie, reposer sur des concessions mutuelles, mais en réalité **c'est une nouvelle conception de droit** qui se forme. Cette nouvelle conception s'est déjà annoncée et affirmée par le sentiment religieux et par l'intuition et a trouvé son expression concrète par la superposition du droit divin au droit collectif et individuel, mais à l'heure actuelle cette forme de droit suprême a perdu la plus grande partie de son efficacité par suite de l'indifférence et de l'opposition qui aliènent aux conceptions religieuses dominantes une partie toujours croissante des masses humaines. Par contre, nous constatons un effort général qui tend vers une conception rationnelle d'un droit supérieur qui se manifeste dans bien des domaines. Une de ces manifestations, qui cependant ne repose, pour autant du moins que nous soyons à même de le constater, que sur un idéalisme humanitaire intuitif, est l'effort dirigé par le Président Wilson, qui a abouti à la création de la Ligue des Nations.

Des efforts analogues sont tentés dans le domaine de l'art et de la science. Un autre effort de ce genre s'exprime par le mouvement social, et surtout par le Marxisme qui se base sur l'évolution économique. C'est le même désir qui fait agir le mouvement de l'émancipation féminine.

De même, la conception de vie qui s'impose par la connaissance du but cosmique que nous tentons d'expliquer ici, doit former une conception rationnelle nouvelle du droit suprême et c'est dans ce sens que nous pouvons parler de l'apparition du **droit cosmique**. Or, le droit cosmique, et par cela il diffère du droit divin, ne peut pas exister au-dessus d'un droit collectif et individuel, il doit les remplacer et donner une signification nouvelle à ce que nous sommes convenus d'appeler le droit collectif et individuel. Ce sera donc un droit unique qui règlera toutes les relations interhumaines, de même que les relations d'homme à Nature matérielle et celles vis-à-vis de la force vitale suprême.

Le droit cosmique diffère encore du droit divin par le fait de sa limitation à des données qui ne dépassent pas le domaine rationnel. En quelque sorte, il peut être considéré comme la concrétisation de la part du droit divin, qui est rentré dans le domaine de l'entendement par la compréhension raisonnable, tandis que le droit divin reste en pleine vigueur pour autant qu'il ne s'agisse que des données de la foi, de la révélation ou de l'intuition.

Il n'y a donc et ne peut y avoir aucune opposition entre le droit cosmique et le droit vraiment divin, ce que nous tenons à constater, car à notre idée le droit cosmique forme comme nous venons de le dire la partie du droit et de la vérité divine, saisie et comprise par la raison et l'entendement.

Quel est le sens du droit cosmique suprême qui doit s'imposer à la place de tous les droits humains?

Notre définition est la suivante :

Toute pensée ou acte qui, directement ou indirectement, est utile à la pleine réalisation du but cosmique que nous avons défini plus haut, est juste. Il est donc non seulement permis de penser et d'agir dans ce sens, mais cette orientation est le devoir de toute collectivité et de tout individu du genre humain.

Par contre :

Toute pensée et acte qui contrarie, gêne ou empêche la réalisation du but cosmique est fausse. Il est donc du devoir des individus et des collectivités de les éviter et de les réprimer.

Il s'ensuit que la collectivité n'a la liberté d'agir que pour la réalisation du but cosmique; elle n'a ni la liberté ni le droit d'empêcher ou de limiter la liberté de l'individu, soit de ses pensées ou de ses actes, s. ceux-ci s'orientent vers la réalisation du but cosmique.

Il s'agit donc de reconnaître, de protéger et de faire triompher « **l'Ordre cosmique** » par l'application du « **Droit cosmique** ».

Pour juger et décider si une attitude ou un acte peuvent être considérés comme permis ou défendu, il suffira de constater si par ses effets, immédiats ou lointains, il est utile à la réalisation du but rationnel que nous avons reconnu et défini comme but de la vie cosmique et, partant, de la vie humaine.

Il s'ensuit, de ce que nous connaissons du but cosmique, que tout être qui a atteint sa majorité, qu'il s'agisse de l'homme ou de la femme, doit posséder un droit, une liberté et une indépendance absolument égale pour pouvoir, par toutes ses qualités intellectuelles et corporelles, contribuer à la réalisation du but cosmique.

Il n'y a pas d'autre liberté, et toute aspiration véritable vers la liberté, dans le sens le plus large et le plus complet, n'est que l'expression instinctive, inconsciente ou partiellement inconsciente de notre nature spirituelle et matérielle, qui cherche à se créer les conditions les plus favorables et les plus libres pour nous permettre de réaliser aussi pleinement que possible le but cosmique qui forme toute notre destinée selon notre nature et la nature de l'Univers.

Comme nous avons pu le constater, la loi fondamentale qui découle logiquement de la connaissance du but cosmique, nous impose le devoir de perfectionner notre esprit et d'augmenter le plus possible le nombre des humains.

C'est donc cette loi fondamentale qui doit avant tout régler les relations entre hommes et femmes.

Il serait tout aussi faux de croire, et les rapports entre les facteurs évolutifs que nous avons définis sous le titre de « Loi sur la vitesse potentielle, dominante du mouvement évolutif et progressif de la vie sociale et cosmique » nous le prouvent, que l'augmentation de la population peut se faire par une procréation désordonnée qui n'obéirait pas au commandement qui nous impose simultanément à perfectionner la force de l'esprit conscient dans tous les individus et de fournir un travail équivalent sur la matière, que de croire que le perfectionnement de l'esprit conscient en général soit possible sans l'augmentation potentielle de la population et sans la transformation simultanée et correspondante de la matière en produits assimilables aux besoins croissants de l'humanité.

La solution du problème sexuel n'est donc possible qu'en tenant compte de ces facteurs, qui non seulement l'influencent, mais qui le gouvernent au sens le plus large du mot.

La vie sexuelle, qui parvient à répondre le plus parfaitement à la réalisation exigée par ces facteurs, qui forment les conditions inévitables du progrès cosmique tout entier, sera, par cela même, la vie la plus morale, car **Moralité** ne peut signifier autre chose que réalisation parfaite du devoir et de la tâche cosmique.

Ces conditions, qui doivent gouverner la vie sexuelle, supposent et nécessitent, pour être comprises, une connaissance rationnelle du but cosmique. Il s'ensuit que le règlement des rapports sexuels entre hommes et femmes doit, de plus en plus, obéir au raisonnement et se libérer progressivement de l'empire prédominant des sentiments, et surtout des passions désordonnées.

Cela nous oblige à affronter le problème mystérieux de **l'amour**. Qu'est-ce que l'amour? Cette question s'impose, puisque la réalisation du but cosmique de la vie exige impérieusement l'empire de la **Raison** pour diriger la vie collective et, partant, sexuelle de l'humanité.

La religion et même la tradition laïque imposent et prêchent **l'amour** dans sa conception la plus idéale comme force directrice de la vie (la charité, l'humanisme, l'altruisme, la philanthropie).

Amour et Raison sont-elles des forces réelles? S'opposent elles l'une à l'autre ou sont-elles des conceptions qui peuvent se compléter mutuellement?

En tous cas, en nous basant sur la connaissance du but cosmique de la vie, nous comprenons sous Raison ou Entendement la connaissance positive et concrète d'une part plus ou moins étendue du véritable sens de la vie. La Raison n'est Raison et l'Entendement n'est Entendement que pour autant et à mesure qu'ils possèdent réellement une connaissance claire et prouvable par les procédés comparatifs de la science positive, **du sens réel de la vie cosmique et, partant, humaine.**

La qualité ou la perfection de la Raison varie donc infiniment entre les différents individus et cela selon leur connaissance positive du sens de la vie cosmique. La Raison qui arrive, par une connaissance positive et claire, à comprendre le sens, la portée et la corrélation de la plus grande quantité et variété des manifestations infinies de la vie, devient par cette compréhension même la manifestation la plus haute et la plus puissante de la force de l'esprit conscient. C'est cette compréhension étendue et profonde du sens de la vie qui porte la Raison à son degré supérieur, à la **Sagesse.**

La Raison, et son expression la plus haute, la Sagesse, est donc, par sa nature même, effectivement **une force active et agissante, la force de l'esprit conscient, parfait** selon l'étendue de sa compréhension rationnelle du sens de la vie cosmique.

Par cette définition même, il s'ensuit que la Raison comprise dans ce sens est la force la plus parfaite et la plus puissante qui agisse dans l'univers et dans les relations humaines.

Maintenant, qu'est-ce l'Amour, vu du même point de vue cosmique?

L'Amour est un **sentiment.**

Cette définition appelle la définition de ce qu'est le **senti**ment. Alors seulement nous pourrons comprendre ce qu'est l'amour, si nous parvenons à comprendre raisonnablement l'essence ou le caractère du **Sentiment.**

La définition de ce qu'est le sentiment en général que nous

pouvons essayer de donner par la suite, doit également se baser sur la connaissance du but cosmique, tel que nous l'expliquons dans cet essai.

Partant de ce point de vue, nous arrivons à la définition suivante :

Le sentiment est la réaction sensible provoquée dans l'organisme humain par l'orientation **conforme** ou **contraire** de ses pensées et de ses actes.

L'orientation conforme est celle qui aide et réalise le but de la vie cosmique; l'orientation contraire est celle qui néglige, contrarie ou empêche cette réalisation.

Cette réaction se fait indépendamment et même contre la volonté de l'homme. C'est l'organisme **créé pour la réalisation** du but déterminé et unique qui réagit différemment sous l'action de la force vitale suprême si l'orientation est conforme, véritable et juste ou si elle est erronée, fausse ou contraire.

Cette réaction différente est le guide de la vie humaine inconsciente. Dès que, par notre raison, nous avons compris le but et le sens de notre vie et de la vie cosmique, nous serons à même d'analyser et de comprendre clairement les avertissements des sentiments, nous aurons une notion exacte de ce que nous sommes convenus d'appeler **la conscience**. Nous comprendrons alors que la conscience n'est pas une manifestation surnaturelle ou transcendante, mais qu'elle est la manifestation de la Nature cosmique en nous et sur notre organisme naturel. La conscience deviendra et devra devenir plus intelligible et plus compréhensible pour nous au fur et à mesure que notre savoir et notre connaissance raisonnable du but et du sens de la vie cosmique s'étend, donc au fur et à mesure que nous réussirons à perfectionner la force de l'esprit conscient en nous et dans l'univers.

Le **sentiment** est donc une réaction provoquée par la Nature cosmique et par la force vitale suprême dans notre organisme. Le sentiment est le précurseur et l'éducateur de la Raison; il agit sur la force de l'esprit latent encore inconscient, ou partiellement conscient, en nous, pour l'avertir de la bonne ou de la fausse orientation de ses pensées et de ses actes. Il forme en nous, par ses effets et par sa qualité, la sensation agréable ou désagréable de la jouissance ou de la douleur, du Bien ou du Mal. C'est le jeu et l'influence des sentiments qui agissent en nous, qui forment, éduquent et élargissent la conscience. Et les causes et les effets des sentiments nous deviennent intelligibles d'une façon de plus en plus claire par la connaissance de plus en plus claire de notre destinée cosmique. Par cela nous devenous capables, non seulement de discerner les sentiments, mais de les gouverner et de les guider, soit dans le sens de la réalisation de notre devoir cosmique, soit dans un sens contraire. Le Bien et le Mal deviennent, à fur et à mesure que s'élargit notre connaissance raisonnable du sens de la vie, des domaines intelligibles **à notre Raison et soumis à sa direction.**

La **connaissance raisonnable du Bien,** qui n'est autre chose que la réalisation intellectuelle et matérielle de la finalité cosmique, et celle du Mal, qui est l'orientation contraire, est donc plus certaine et supérieure à la connaissance purement sentimentale et à la direction sentimentale de la vie, qui repose sur la foi et sur l'intuition, par le fait que les données de la foi ou de l'intuition tout en étant des sentiments certains, restent néanmoins vagues et permettent par là-même des interprétations souvent erronnées et fausses, tandis que la connaissance certaine qui repose sur l'observation et l'expérience, et qui forme la Raison, devient un **guide certain** de la vie en raison même de son étendue.

Or, **l'amour** n'étant qu'un sentiment, ne peut donc pas être un guide aussi certain pour la vie que la Raison. Dès que la Raison est arrivée à une maturité suffisante, c'est elle qui doit guider et gouverner les désirs et les aspirations que peut provoquer le sentiment de l'amour.

Le sentiment de l'amour est, selon son caractère et ses manifestations, l'expression d'une qualité cosmique, de l'Unité. Cette qualité de l'Unité, qui est dans toute la Nature et dans toutes les forces cosmiques, agit également dans toutes ses parties et parcelles.

C'est donc elle qui provoque le sentiment d'amour ou d'unité et c'est elle qui, par l'action de ces sentiments, éveille en l'homme le désir de l'Unité et de l'Union consciente et effective entre les hommes et le Tout cosmique.

Dès que la Raison humaine arrive à une conscience positive de l'unité cosmique, tant en ce qui concerne sa substance que sa tendance évolutive vers le même but, la réalisation du but de la vie par les hommes ne doit plus se faire d'une façon presque inconsciente, très souvent encore purement instinctive, sous l'empire du sentiment et des passions aveugles, mais elle doit se faire sous la direction de la raison consciente de sa tâche et de son devoir cosmique.

L'amour qui prend conscience de l'unité cosmique atteint son degré supérieur, il se révèle alors sous la forme de cette **bonté** qui caractérise la vie des sages et des savants, car la bonté, c'est la sagesse de l'amour, comme la sagesse est l'expression suprême de la Raison.

La Raison doit donc supplanter et guider le sentiment et les passions. Cette loi de l'évolution du genre humain a toute sa valeur, sa nécessité et sa vigueur pour ordonner également les relations entre hommes et femmes, relations qui forment la base et le début de la vie collective de l'humanité.

Ces rapports doivent donc s'établir selon les données de la Raison, consciente de l'unité et de la finalité connue de la vie cosmique. Les deux sexes doivent donc pouvoir disposer librement et d'un droit absolument égal, de leur organisation, à condition de faire coordonner ces relations aux exigences cosmiques que nous venons de définir.

Les rapports sexuels ont deux conséquences principales : la procréation, d'une part, et la jouissance immédiate, d'autre part. Ces deux conséquences ont leur raison d'être et servent toutes les deux utilement, si elles sont coordonnées aux exigences cosmiques, à la finalité cosmique.

Pour la signification de la jouissance, nous pouvons nous borner à constater que le sentiment de jouissance ou de bonheur ne **peut être complet et légitime**, au point de vue cosmique, que si l'acte qui le provoque est réellement utile à la finalité cosmique, c'est-à-dire si l'acte est un embellissement et un rehaussement d'une vie unie qui trouve dans cette jouissance une récompense et un encouragement pour vivre et se vouer avec encore plus d'intensité à la réalisation d'une unité plus haute, de l'unité spirituelle et matérielle du genre dans sa tâche universelle.

Quant à la procréation de nouveaux êtres, elle doit, à tout moment donné, correspondre, en ce qui concerne la quantité ou le nombre, à l'état de perfection spirituel et à l'état de la force d'action transformatrice des hommes sur la matière.

Pris dans le sens cosmique, cela veut dire que l'augmentation du nombre doit être équivalent à l'état de perfection atteint par la force spirituelle consciente et à la quantité de matière transformée par les hommes en produits assimilables à leurs besoins; la matière doit, en d'autres mots, être humanisée et par cela être préparée pour sa spiritualisation. **C'est le cycle de l'économie cosmique.**

Dans le sens pratique et vu d'un point de vue d'intérêt humain, l'augmentation du nombre doit correspondre, d'une part, à la capacité et au pouvoir intellectuel dont l'humanité, en général, dispose à un moment donné et qui lui permet d'assurer l'instruction et l'éducation de toute la génération d'une façon correspondante aux exigences de ce moment; d'autre part, cette augmentation du nombre devra correspondre à la capacité et au pouvoir productif sur la matière, qui devra être suffisant pour assurer l'entretien physique et le bien-être, correspondant à la dignité de tout être humain, reconnu juste, nécessaire et utile au moment donné pour assurer l'évolution progressive du genre par tous.

Si donc il y a liberté et égalité aussi bien pour l'homme que pour la femme pour provoquer et réaliser la procréation, il y a de l'autre côté nécessité, pour les deux sexes, d'ordonner et de faire concorder la procréation à **l'ordre cosmique.**

Des trois commandements de l'ordre cosmique, celui de la procréation est le plus facile à réaliser; c'est une fonction naturelle de l'organisme humain, fonction qui agit toujours plutôt en abondance, sous la poussée naturelle de la vie.

C'est de l'observation des deux autres commandements, de celui du perfectionnement de la force spirituelle en nous et de celui de la production matérielle, que dépend la possibilité d'une augmentation croissante du genre, en vue de réaliser le but cosmique.

Il s'ensuit que c'est l'état d'instruction intellectuelle et le pouvoir productif ou économique matériel, qui créeront, selon leur degré de perfection et selon leur force productrice, les conditions morales et les formes collectives par lesquelles la procréation se fera dans les conditions les plus favorables pour la réalisation du but cosmique.

Actuellement, la famille est indiscutablement le noyau intellectuel et économique autour duquel la collectivité humaine se forme et ce sont les conditions intellectuelles et économiques de la vie de ce centre qui règlent automatiquement la procréation.

Or, l'évolution économique du genre humain tout entier est en train de se transformer. C'est le sens du mouvement social dans toutes ses manifestations variées. Cette transformation se fait selon une orientation absolument déterminée et qui vise une centralisation de plus en plus accentuée des moyens de production et de distribution des produits matériels entre les mains de la collectivité qui, elle, se base sur le génie créateur, individuel.

C'est le sens, non seulement du socialisme et du communisme, mais c'est également le sens de nos formes de production actuelles, du capitalisme, des sociétés anonymes pour la production aussi bien que pour la vente, des trusts, des sociétés coopératives et des régies de l'Etat.

Si nous cherchons un sens cosmique à ce mouvement évolutif qui se réalise presque inconsciemment en obéissant aux nécessités de l'heure et qui semble ne viser que des buts et des avantages matériels, nous y reconnaissons, non sans surprise, l'effet de la poussée évolutive de la vie vers la réalisation du but cosmique que nous connaissons.

En effet, toute cette orientation réalise en fait un commencement de solidarité collective. Le capital, appartenant à un nombre illimité de possesseurs, se solidarise dans les sociétés et des trusts, pour réaliser, par l'effort solidaire d'un grand nombre d'hommes, une production à la fois beaucoup plus abondante et à des prix de revient très réduits en comparaison de ceux auxquels l'industrie privée pourrait produire. Le résultat visible qui s'ensuit est un enrichissement et un rehaussement de la vie matérielle de tous les individus et de toutes les collectivités, mais **la signification de cette orientation est surtout celle de décharger de plus en plus les individus et les** familles d'une dépendance économique trop pesante, qui empêche leur essor et leur action spirituelle.

L'orientation vers la **véritable connaissance cosmique,** orientation pressentie et recherchée par les masses d'une façon instinctive et inconsciente encore et pour cela mal dirigée et mal orientée, comme dans le bolchévisme, est néanmoins un mouvement et un courant d'esprit et d'action nécessaire, inévitable et irrépressible qui obéit aux lois et aux forces cosmiques qui dirigent l'évolution de l'Univers spirituel et matériel dans toute sa réalité vers la réalisation du but spirituel poursuivi par la force cosmique suprême.

La vie collective de l'humanité doit donc s'orienter vers une vie coopérative et solidaire, et la vie entre individus, la vie de famille, la vie nationale et la vie internationale doit avant tout chercher à faire concorder toutes ses pensées et ses actes avec la tâche unique qui est confiée au genre.

Nous avons vu qu'une telle orientation est possible et ce sera toujours la famille formée par deux êtres qui auront la conscience la plus claire du principe de l'unité de la vie, qui formera la base de toute la vie progressive du genre humain. De plus, nous avons pu constater que la vie actuelle suit cette orientation déjà maintenant, quoique d'une façon inconsciente.

La réaliser d'une façon consciente sous la direction de la Raison éclairée, qui, elle, forme l'héritage des générations éteintes et l'acquit de l'effort et des douleurs des générations actuelles, **est le devoir de l'heure présente,** c'est l'enseignement que nous laisse la crise douloureuse que nous venons de passer, c'est encore l'enseignement qui se détache et qui s'impose de l'étude et de l'analyse historique de la vie du genre humain jusqu'à nos jours si cette étude et cette analyse sont faites et vues du point de vue cosmologique de la vie du Tout auquel nous appartenons.

Nous tenterons de donner, par les lignes qui suivent, un aperçu de ce genre.

Quelques Pensées

sur l'évolution cosmologique du genre humain

L'analyse historique de la vie du genre humain nous apprend que l'humanité s'est effectivement développée et qu'elle progresse incessamment vers l'orientation cosmologique. Toute l'histoire nous démontre le progrès réalisé dans ce sens, progrès qui, actuellement encore, se réalise avec une intensité croissante, avec une vitesse déconcertante mais correspondante, comme nous l'avons vu, aux conditions évolutives de l'Univers en son entier.

De ce point de vue, nous constatons que l'humanité a dû franchir dans le cours des siècles trois étapes successives :

L'étape instinctive;

L'étape sentimentale,

Et l'étape raisonnable ou consciente.

Il est évident que ces étapes ne présentent pas des dates fixes et limitées pour chacune d'elles. Elles s'entremêlent; il y a un commencement de sentimentalité et de raisonnement dans l'étape primitive **dominée par l'instinct**; il y a de l'instinct, du sentiment et du raisonnement dans **l'étape dominée par le sentiment**, comme il reste un écho, même très fort, de l'instinct et une très forte influence du sentiment dans l'étape **dominée par la Raison** à laquelle nous aboutissons actuellement en sortant de l'étape du sentiment. Néanmoins, l'étude de l'histoire nous permet de marquer les tournants qui indiquent la marche progressive dans l'évolution de la conscience par des époques qui correspondent à des dates historiques et qui marquent les progrès réalisés dans cette voie par le genre humain.

Nous pouvons constater que l'étape dominée par l'instinct a dépassé son apogée vers la fin de l'époque préhistorique et les premiers témoignages de l'époque qui arrivent à nous par les légendes des plus anciennes collectivités humaines, témoignent déjà de l'influence croissante d'un sentiment d'unité humaine et cosmique qui s'annonce par des synthèses religieuses et philosophiques très étendues et qui unissent dans leurs vues prophétiques et intuitives, la terre, les hommes et le ciel, en les liant à une destinée commune.

Nous pouvons donc établir que l'étape de domination par le sentiment commence avec les temps historiques, c'est-à-dire les temps desquels datent les premiers témoignages de l'histoire écrite sur les ruines de monuments historiques anciens qui nous permettent de lire une partie de la vie de nos plus anciens prédécesseurs. Cette étape, dominée par le sentiment, s'étend jusqu'à nos jours et nous ne sommes qu'au seuil de la troisième étape, de celle qui sera dominée par la Raison éclairée et consciente de notre destinée cosmique, seuil que nous nous apprêtons seulement à franchir.

En cherchant à analyser le progrès réalisé par la Raison durant cette longue étape soumise encore de nos jours à la domination prépondérante du sentiment et de la foi intuitive, nous pouvons constater le progrès réalisé et puiser dans cette constatation un courage et une certitude nouvelle qui nous permet d'envisager avec confiance l'avenir même prochain du genre humain.

Un fait vient nous frapper tout d'abord et nous démontrer d'une façon convaincante la réalité et en même temps la condition fondamentale pour la réalisation du progrès cosmique.

La véritable pierre de touche qui nous prouve l'étendue et la réalité du progrès atteint, ne se trouve pas dans les écrits et les œuvres d'individus d'élite, qui, par des ascensions spirituelles magnifiques et géniales, éclairent de leur esprit des siècles et des séries de siècles, mais dans le degré de la conscience de l'unité humaine et cosmique, qui est réellement atteint par la grande masse de la population humaine et qui s'exprime par ses actes et la conduite dominante de sa vie pratique.

En jugeant l'histoire de l'étape dominée par le sentiment et par la vue intuitive d'après ce critérium, nous arrivons à préciser et à prouver la marche progressive et ascendante traversée et atteinte par l'humanité ; les événements et les faits historiques se rattachent et se lient, on comprend leur signification et leur nécessité cosmique de même qu'on reste ébloui devant l'effort fourni par le genre humain dans le sens cosmique qui est en même temps le sens de sa libération et de sa spiritualisation.

En scrutant le passé lointain, nous rencontrons d'abord l'antique civilisation chinoise, qui paraît déjà presque vouloir se libérer de la domination du sentiment à une époque où les autres collectivités humaines s'apprêtent à peine pour quitter la domination de l'Instinct.

S'il y a un monument merveilleux dans l'antiquité, c'est certes cette civilisation qui n'est à peine connue que depuis deux siècles dans nos pays d'Occident. C'est avec raison que M. G. Pauthier écrit dans la préface de la traduction qu'il fit des quatre livre de Confucius et Mencius, de la philosophie morale et pratique de la Chine (1) :

« Khoung-fou-tseu (Confucius) fut, non pas le premier,
» mais le plus grand législateur de la Chine.

» Cette mission d'« **Instituteur du genre humain** », le phi-
» losophe chinois l'accomplit dans toute son étendue, et bien
» autrement qu'aucun philosophe de l'antiquité classique. Sa
» philosophie ne consistait pas en spéculations plus ou moins
» vaines, mais c'était une philosophie surtout pratique, qui
» s'étendait à toutes les conditions de la vie, à tous les rap-
» ports de l'existence sociale. Le grand but de cette philoso-
» phie, le but pour ainsi dire unique, était **l'amélioration con-
» stante de soi-même et des autres hommes** » ; de soi-même
» d'abord, ensuite des autres. »

Nous voyons le but de la philosophie de Confucius limité à cette partie de la tâche cosmique que nous avons reconnue et qui demande, elle aussi, le perfectionnement de l'esprit conscient par le perfectionnement de soi-même d'abord et l'idée de l'unité du genre humain se détache très nettement

---

(1) Confucius et Mentius, par M. S. Pauthier. — Paris, G. Charpentier et Cie, 11, rue Grenelle.

par la prescription de travailler ensuite au perfectionnement des autres.

Mais cela seul n'explique pas la stabilité et la longévité de la nation chinoise qui, d'après les documents authentiques, possède une civilisation qui remonte selon les preuves de l'histoire chinoise jusqu'à deux mille six cents ans avant notre ère. Pauthier fait justement ressortir ce phénomène et nous ne pouvons mieux faire que de citer ce passage qui le relève :

« En Orient, comme dans la plupart des contrées du globe,
» mais en Orient surtout, le sol a été sillonné par de nom-
» breuses révolutions, par des bouleversements qui ont changé
» la face des empires. De grandes nations, depuis quatre
» mille ans, ont paru avec éclat sur cette vaste scène du
» monde. La plupart sont descendues dans la tombe avec les
» monuments de leur civilisation, ou n'ont laissé que de fai-
» bles traces de leur passage : tel est l'ancien empire de Da-
» rius, dont l'antique législation nous a été en partie conser-
» vée dans les écrits de Zoroastre, et dont on cherche main-
» tenant à retrouver les curieux et importants vestiges dans
» les inscriptions cunéiformes de Babylone et de Persépolis.
» Tel est celui des Pharaons, qui, avant de s'ensevelir sous
» ses éternelles pyramides, avait jeté à la postérité, comme
» un défi, l'énigme de sa langue figurative, dont le génie mo-
» derne, après deux mille ans de tentatives infructueuses,
» commence enfin à soulever le voile. Mais d'autres nations,
» contemporaines de ces grands empires, ont résisté, depuis
» près de quarante siècles, à toutes les révolutions que la nature
» et l'homme leur ont fait subir. Restées seules debout et
» immuables quand tout s'écroulait autour d'elles, elles res-
» semblent à ces rochers escarpés que les flots des mers bat-
» tent depuis le jour de la création sans pouvoir les ébranler,
» portant ainsi témoignage de l'impuissance du temps pour
» détruire ce qui n'est pas une œuvre de l'homme.

» En effet, c'est un phénomène, on peut le dire, extraordi-
» naire, que celui de la nation chinoise et de la nation in-
» dienne se conservant immobiles, depuis l'origine la plus re-
» culée des sociétés humaines, sur la scène si mobile et si
» changeante du monde ! On dirait que leurs premiers légis-

» lateurs, saisissant de leurs bras de fer ces nations à leur ber-
» ceau, leur ont imprimé une forme indélébile, et les ont cou-
» lées, pour ainsi dire, dans un moule d'airain, tant l'em-
» preinte a été forte, tant la forme a été durable! Assuré-
» ment, il y a là quelques vestiges des lois éternelles qui gou-
» vernent le monde. »

Le commandement cosmique du perfectionnement a été reconnu et enseigné par toutes les religions et par la plupart des philosophies classiques, sans cependant avoir pour résultat la conservation presque intacte de la même unité nationale pendant des milliers de siècles. Il doit donc exister dans l'enseignement de la philosophie chinoise, ravivée par Confucius, encore au moins un élément qui réponde à une loi cosmologique et cet élément doit assurer au moins la stabilité de cette collectivité humaine la plus nombreuse qui soit, par une compréhension vague et partiellement, mais assez puissamment, mise en pratique pour assurer la conservation de l'unité, cependant trop faible, selon toute apparence, pour en assurer et produire une évolution progressive. Or, cet élément se trouve non seulement dans les enseignements donnés par Confucius et ses prédécesseurs, mais il se trouve vivant et pratiquement appliqué dans les coutumes du peuple chinois.

C'est le culte des parents et des ancêtres et par cela l'unité sacrée de la famille chinoise. De là aussi la force procréatrice et la mise partielle en pratique constante de la loi cosmique qui commande l'augmentation incessante de la population. Il est vrai que la raison de cette loi de l'augmentation de la population échappe encore à la philosophie de Confucius aussi bien qu'à l'entendement du peuple chinois, mais elle est en partie obéie instinctivement, et la vie populaire influencée par les enseignements de Confucius et, par cette obéissance toute inconsciente, a pour résultat la stabilité de la nation chinoise. Ce qui échappe encore à la conception chinoise, c'est la signification du travail que l'homme, d'après la conception cosmique, doit fournir sur la matière pour activer la spiritualisation de celle-ci. Nous trouvons donc, par notre conception cosmique, d'une part l'explication de ce phénomème surprenant qui réside dans la stabilité nationale chinoise par le fait que son obéissance sentimentale au culte de la famille répond partiellement à la loi principale de l'économie cosmique et que la recherche du perfectionnement s'accorde avec le commandement cosmique de la perfection de l'esprit conscient et de l'unité du genre humain. D'autre part, nous trouvons l'explication de la stagnation séculaire de ce peuple sur un même niveau de civilisation sans progression notable, dans le fait de la non-compréhension de la signification du travail sur la matière et dans la compréhension insuffisante et inconsciente encore de la loi concernant l'augmentation de la population.

De même le mouvement vers le perfectionnement ne se base pas sur une raison comprise par l'entendemnt, mais sur un sentiment purement religieux, sur le sentiment très vrai et très clairement exposé, que l'homme a une mission du ciel à remplir sur terre, mais sans que le raisonnement chinois soit arrivé à trouver le sens complet et l'objet pratique de cette mission.

C'est pourquoi nous arrivons à constater que la vie du peuple chinois est dominée et reste, jusqu'à nos jours, principalement sous la domination du Sentiment, malgré le grand apport fait à ce peuple par l'enseignement rationnel de Confucius, de ses prédécesseurs et de ses disciples.

Nous avons sous les yeux un exposé fait pendant la guerre par un éminent disciple actuel de Confucius, le philosophe chinois **Koe-Hoeng-Ming, à Péking,** dans lequel il prétend que la conception de vie des Européens pêche par deux côtés, par son dogmatisme religieux et par son culte de la force brutale, qui s'exprime par le militarisme. Koe-Hoeng-Ming ne voit le salut de l'Europe que dans une acceptation de la vieille philosophie raisonnable de Confucius.

Il y a du vrai dans ce jugement, mais notre civilisation européenne ou plutôt occidentale, s'est faite par des orientations extrêmes, d'abord vers un spiritualisme transcendant et dogmatique qui négligeait toute la tâche matérielle de l'humanité, ensuite vers un matérialisme extrême qui négligeait trop la vie et la progression vraiment spirituelle, mais avait cela de bon qu'il permit à l'homme de trouver, par la science et la technique qui, sous son influence, se sont développées à un point extrêmement et étonnamment élevé, le secret de dominer la Nature et la Matière, de s'asservir même les forces les plus puissantes de l'Univers et par cela d'intensifier d'une façon inattendue, **mais non pas consciente,** son action cosmique sur la matière. Mais si les erreurs qui sont inhérentes à ces orientations toutes exclusives et violentes, tantôt vers la spiritualisation transcendante extrême, tantôt vers un matérialisme aussi violent et extrême, ont placé à plus d'une reprise la civilisation occidentale devant un abîme menaçant, ces orientations ont aussi eu pour effet de réveiller en nous des forces de raisonnement et d'intelligence plus aiguisées, plus perçantes. Ce sont ces circonstances qui font naître chez nous une conception qui, certes, acceptera les vérités reconnus depuis vingt-cinq siècles par Confucius et l'élite intellectuelle chinoise, avec reconnaissance et admiration, mais nos expériences lourdement payées par les souffrances et le sang, nous préserveront aussi des fautes inconscientes qui adhèrent à la conception vitale chinoise et qui sont la cause de la stagnation et de la stérilité qui a causé le sommeil léthargique plusieurs fois millénaire de cette nation qui, depuis Confucius, n'a réalisé aucun progrès effectif ni cosmique.

Si donc, nous recevons avec reconnaissance et admiration l'enseignement si haut de la conception chinoise comme apport utile, nous ne pouvons plus l'accepter comme guide de notre vie occidentale, mais en le complétant par notre conception cosmique, résultat de notre travail et de nos luttes, nous ne trouverons pas seulement une force vitale et réalisatrice du progrès cosmique pour l'occident, mais nous saurons aider nos frères chinois à sortir de leur tropeur séculaire et marcher avec nous vers le progrès cosmique, progrès qui demande à été réalisé par l'humanité entière, celle de l'Orient et celle de l'Occident.

Leur travail précurseur et antique et leur attente patiente n'auront pas été vains et nos souffrances et nos luttes n'auront pas été inutiles; l'humanité pourra, comme unité solidaire et collaboratrice, se vouer enfin à la réalisation de sa plus haute destinée, de sa mission cosmique, de la mission du Ciel con-

fiée au genre humain, de laquelle Confucius disait : « Il n'y a
» qu'un moyen d'arriver à la sagesse, c'est de comprendre
» d'abord que l'homme a une mission du Ciel à remplir sur
» terre. »

Cette mission du Ciel entrevue intuitivement par Confucius pour le grand bien de la nation chinoise, nous venons de
la reconnaître d'une façon plus claire et plus précise dans le
but cosmologique de la vie. Et en la connaissant et en l'ensei-
gnant, l'Orient et l'Occident en feront leur but de vie commun et réaliseront ainsi la solidarité, la collaboration et
l'unité humaine en même temps que leur unité avec le Tout
cosmique.

Ce qui manque à l'Occident pour marcher conjointement
avec l'Orient dans la voie du progrès cosmique, c'est une
conception plus rationnelle de la mission humaine, conception qui se trouve en partie réalisée par la Chine. La Chine
devra accepter l'esprit d'action et de travail sur la matière,
comprendre la signification de cette action et chercher en
même temps la réalisation consciente du but cosmique. Il
semble que le moment soit venu pour l'Occident et pour
l'Orient, dont le réveil se fait à pas de géant, de franchir en-
semble et solidairement le seuil de la dernière étape historique que l'humanité doit réaliser en pleine connaissance de
cause, celui de l'étape qui sera dominée par la Raison.

L'autre grand peuple que nous rencontrons au réveil sen-
timental de l'humanité est celui des Indes, dominé par la
religion boudhiste. Ce peuple aussi reste encore debout grâce
aux vérités que l'enseignement boudhiste a su introduire dans
la conduite pratique de sa vie, grâce aussi à la fertilité des
régions qu'il habite. Mais l'enseignement boudhiste, enseignement par excellence du perfectionnement de soi-même, néglige d'une façon presque complète le commandement cosmique de l'action humaine sur la matière, et ce n'est que
grâce à la solidité instinctive de la famille et à la fertilité du
sol que ce peuple doit sa survivance. Cela explique la résis-
tance passive de la nation indienne contre la dégénération
et l'Orient dormant qui, sous la poussée de la civilisation
occidentale, affirme une vitalité nouvelle, paraît également

dans les Indes vouloir se réveiller à une conception plus universelle de la vie et des devoirs cosmiques qu'elle impose à tous.

Si de ces deux grandes lignées principales qui forment avec la population occidentale le gros de l'humanité, nous jetons un coup d'œil général et rapide sur la situation actuelle du monde occidental, nous pouvons nous rendre compte d'emblée que tout le genre humain est arrivé à un tournant décisif de sa vie.

En effet, toutes les manifestations principales aboutissent vers une conception de plus en plus consciente de l'unité du genre et à travers les discordes, les guerres et les conceptions si variées, nous voyons s'affirmer de plus en plus le principe de la solidarité humaine, la conscience nette de l'interdépendance des intérêts de toutes les nations, si diverses en apparence.

Par le mouvement social qui agite et bouleverse si puissamment la vie de tous les peuples, le réveil vers la conscience de l'unité du genre humain avec le Tout cosmique vient inaugurer et montrer un progrès ultérieur qui dépasse le sentiment de la fraternité humaine et l'élargit par la conscience de l'Unité de notre vie avec la vie de la matière et avec la force vitale suprême. C'est le sens profond du communisme. Nous assistons au moment grandiose et magnifique où les yeux se dessillent, où la vue intérieure, s'éclaire et éclaire nos yeux extérieurs et les instruit à voir, par une connaissance raisonnable, la réalité cosmique telle qu'elle est et telle qu'elle doit être vécue.

L'histoire de nos jours est pleine d'avertissements, les oppositions sont superficielles et fictives pour ceux qui voient et comprennent, elles révèlent l'orientation commune et le mouvement violent et victorieux vers la réalisation du plus grand progrès qui, jusqu'à nos jours, ait été proposé à notre genre, ce progrès devient un fait visible. Ceux qui voient, reconnaissent l'harmonie et l'unité dans ce chaos apparent et ils s'efforcent d'éclairer et d'unir au lieu de réprimer, de condamner et de diviser; ils s'efforcent de comprendre et de suivre le mouvement évolutif qui entraîne l'humanité au lieu de le gêner et de le contrecarrer et par cela c'est eux qui seront les réalistes et les libérateurs, c'est par eux que l'humanité verra des jours meilleurs et la paix durable.

Wilsoniens, démocrates, socialistes et communistes, spiritualistes et matérialistes, tous cherchent le chemin de la vérité et tous s'orientent vers l'Unité, vers l'harmonie de la vie humaine avec la vie de l'Univers.

Si ces vues cosmologiques de la Vie, que nous avons essayé d'esquisser par ces principes d'un socialisme nouveau du « socialisme cosmologique » peuvent contribuer, même modestement à faire converger l'action effective de tous ceux qui veulent sincèrement le Bien et le Vrai vers une solidarité effective du genre, le but de notre effort sera atteint.

Le Socialisme cosmologique et l'Idée nationale

Une grave erreur, due également à la méconnaissance du but cosmique et, partant, à la fausse conception du droit de posséder, est cette idée qui croit devoir et pouvoir abolir l'esprit nationaliste pour le remplacer par un esprit internationaliste.

Cette erreur provient de ce que toutes ces tendances ne tiennent compte que des facteurs économiques et matériels qui concernent directement l'humanité et qu'elles oublient le facteur principal, le devoir cosmique commun que celle-ci doit remplir.

Elles oublient également les effets physiques et climatériques des régions terrestres, qui influencent le développement des différentes populations, qui créent et entretiennent leur mentalité, leur caractère et leur tempérament distinct et cela tout à fait en dehors des effets de la vie économique.

Le devoir cosmique peut être aussi bien réalisé et même mieux si chaque nation garde la cohésion idéale et matérielle qui est le résultat de son évolution idéale et matérielle. Nous allons même plus loin et nous prétendons que l'existence des nations autonomes et indépendantes forme la base absolument nécessaire et la plus saine pour favoriser la réalisation du but cosmique par l'humanité.

Tout d'abord, il convient de se rendre compte que l'idéal de l'internationalité n'aura plus sa raison d'être dès que l'idéal cosmique, c'est-à-dire de la vie orientée vers la réalisation de la **finalité cosmique**, est reconnu.

Le sentiment de l'altruisme, de la philanthropie, de la charité, de la solidarité humaine, produits de l'idéal humanitaire, est remplacé par la connaissance raisonnable de la nécessité d'une solidarité d'action de l'humanité en vue de la réalisation du but cosmique. La fraternité de tous les humains n'est plus un but, mais une conséquence de réalisation de la vie cosmique. Sans cette orientation, la réalisation de la fraternité est impossible, car elle n'a pas de réalité en elle-même; elle n'est, en effet, qu'une conséquence.

Il en est de même pour les tendances d'internationalisation qui sont dues à l'intérêt matériel de l'humanité. L'internationale du travail ou du prolétariat est un groupement de combat de cette classe, mais elle ne peut être un but final.

La forme de collectivité socialiste ou communiste n'a pas de réalité en elle-même, elle ne peut donc devenir une réalité sans que les conditions de vie dictées par le but cosmique soient d'abord réalisées.

La solidarité internationale humaine n'est donc pas un but, mais comme la fraternité humaine, elle sera la conséquence d'une vie nationale active et agissante, qui réalise le but universel du Tout.

L'Idéal de l'Internationale et de la Fraternité doit s'effacer, il a rempli son rôle bienfaisant et utile, mais transitoire, pour céder le pas à la connaissance rationnelle du devoir cosmique ou universel confié au genre humain, but qui doit être réalisé séparément par tous, mais en collaboration et en concordance par toutes les nations.

En réalisant par la vie active et consciente la création, l'augmentation et le perfectionnement de la force spirituelle consciente dans l'Univers, il est donné à l'humanité, par surcroît et automatiquement, le bonheur, la fraternité, la solidarité, l'amour du prochain, la justice et tout le reste.

La cohésion spirituelle et matérielle intérieure des nations ne forme donc aucun obstacle à l'évolution cosmologique de l'humanité, bien au contraire, l'unité nationale est le noyau naturel et le centre d'action et d'évolution pour tous les groupements historiques et ethnologiques de l'humanité vers la réalisation de la même et unique finalité.

On fait erreur en prétendant que les diverses nationalités ne sont que le produit des conditions matérielles et économiques et que ces groupements se désagrègent fatalement par la socialisation intégrale et par le communisme. Les nations ne sont pas tout simplement des groupements d'intérêts, mais avant tout des unités organiques et évolutives de la vie cosmique; produits du sol régionnaire sur lequel elles ont germé et grandi, elles expriment à leur façon les qualités essentielles et évolutives de leur sol natal.

Dans l'introduction de « Mathématique de l'histoire », Ch. Lagrange (Mathématique de l'histoire, par Ch. Lagrange, Bruxelles 1900, Librairie Kissling et Cie, P. Imbrech successeur), en parlant de la marche de la science, dont il marque les principales étapes, dit :

« Franchissant enfin un dernier pas, concevant la vie de » l'humanité à la surface du globe comme un phénomène » lié à l'organisation physique de celui-ci, elle cherche la loi » qui préside au développement de cette humanité et règle » la vie des nations. »

Et plus loin, loc. cit. :

« C'est suivant un réseau géométrique parfaitement défini » que s'est opéré le mouvement historique. Les positions des » centres d'action, tels Londres, Jérusalem, Rome, les lieux » de naissance et d'action des hommes célèbres, rien de tout » cela n'est arbitraire; tout cela est choisi et déterminé d'une » manière mathématique; il y a une géométrie et une ciné- » matique historiques. »

Mais sans même approfondir cette science nouvelle qui, avant longtemps, expliquera d'une façon positive le phénomène de la vie nationale, nous n'avons qu'à regarder les différents types des différentes nations, pour nous convaincre que la caractéristique nationale est un produit naturel et non une conséquence due à des influences économiques. Le caractère national persistera même si les conditions économiques seront telles que chaque individu aie la quote-part égale de tous les biens matériels.

La Nation restera toujours l'unité organique et naturelle, mais toutes les nations pouruivant le but cosmique commun, toutes rivalités d'ordre matériel devront cesser automatiquement pour faire place à une collaboration et à une compétition commune en vue de la réalisation de la même finalité.

Les conditions économiques étant solutionnées d'une façon équitable par suite de la coordination de l'effort de toutes les nations vers le même but cosmique, toutes les nationalités pourront s'affirmer davantage et toutes les parties séparées d'une nation-mère n'étant plus empêchées, par des raisons d'ordre économique et d'intérêt matériel étroit, pourront réclamer selon leur affinité intérieure une Unité plus compacte, plus étroite et plus naturelle pour réaliser le but suprême de la vie.

Le progrès cosmique sera alors réalisé par l'effort national et par la collaboration et l'échange intellectuel et matériel international selon le génie de chaque nation qui, par ses aptitudes et qualités distinctes, aidera à former le génie universel et cosmique du genre humain tout entier.

Nous avons tenu à préciser l'attitude que la connaissance du but de vie cosmique nous dicte en ce qui concerne le problème national et international, qui est envisagé trop diversement, surtout en connexion avec l'idéalisme humanitaire et avec le socialisme marxiste.

Nous concluons que l'idée nationale, loin de s'effacer et de faiblir sous l'influence d'une vie orientée vers la réalisation du but cosmique, **s'affirmera et atteindra alors seulement toute la haute signification organique** qu'elle possède comme **force organisatrice, morale et éducatrice de l'humanité.**

Le Socialisme cosmologique
et le Sentiment religieux

Le socialisme cosmologique base toute son action sur la connaissance de faits réels et n'empiète nulle part sur le domaine surnaturel ou transcendant.

Cette discipline est purement raisonnable et ne s'appuie en rien sur la foi.

Cela ne veut pas dire qu'elle soit ennemie de la foi; elle considère que tout homme doit être et rester absolument libre d'interpréter, selon sa conscience, la nature de la force vitale créatrice suprême qu'elle, également, constate et admet; que chacun doit pouvoir choisir et exercer librement le culte auquel il veut appartenir.

Cette attitude vis-à-vis des religions ou des doctrines de philosophie transcendante est une conséquence nécessaire, inéluctable des principes sur lesquels est basée son action, elle n'est pas due au sentiment de tolérance bienveillante ou indifférente.

En effet, elle reconnaît par les constatations de ses sens et par l'intelligence raisonnable que la connaissance arrive à l'homme :

1° Par l'intuition ou la révélation;

2° Par les sens ou le raisonnement.

Les connaissances acquises par l'intuition ou la révélation sont absolument subjectives et, à priori, improuvables; elles ne peuvent donc pas être imposées à la généralité; elles doivent être librement acceptées jusqu'au moment où elles sont comprises et analysées par le raisonnement.

Dans ce dernier cas, elles deviennent des connaissances positives et raisonnables prouvées par la science expérimentale, de même que toutes les connaissances acquises empiriquement.

Les doctrines de toutes les religions et de toutes les philosophies transcendantes contiennent des prétendues vérités qui, au début, paraissent inexplicables aux hommes. Ce n'est que par l'analyse scientifique et expérimentale qu'on a fini par constater que beaucoup de ces enseignements étaient non seulement justes, mais pouvaient même être prouvés d'une façon irréfutable par le raisonnement pur.

Les vérités ou découvertes nouvelles ne sont jamais connues et comprises d'emblée, elles se proposent toujours comme intuitions ou révélations plus ou moins vagues au début, elles sont saisies d'emblée dans ce qui leur est essentiel, par un effort ou une disposition suprême de l'esprit qui permet à celui-ci de recevoir ces vérités, mais ce n'est que par le travail réceptif du raisonnement que se fait leur analyse d'abord, jusqu'à ce qu'elles deviennent des vérités comprises.

Les propositions de la foi ou de l'intuition peuvent donc contenir des vérités absolues que l'homme doit chercher à comprendre, que la raison doit chercher à s'assimiler. Tant que ces propositions ne sont reconnues véritables que par la foi ou le sentiment, elles devront être enseignées et expliquées par la religion ou la métaphisique et ces explications s'adresseront toujours aux sentiments pour exalter la foi ou à l'intelligence comme conceptions morales, mais ne pourront être qualifiées comme vérités raisonnablement comprises.

Mais dès que ces vérités seront connues et reconnues par des preuves scientifiques, par la science inductive, elles deviendront au sens réel des vérités positives et raisonnables.

Si la somme de ces vérités devenues raisonnables est suffisante pour faire comprendre à l'homme sa raison d'être, le sens et le but de sa vie, il peut alors se fier à la direction de sa raison pour la conduite pratique de toute sa vie.

Les connaissances positives que l'humanité possède actuellement ne représentent donc rien de moins que des propositions de foi issues de l'intuition et de la révélation, qui, par le travail intellectuel et analytique de l'homme, ont été comprises et sont ainsi devenues des connaissances positives.

En connaissant ainsi la source des connaissances positives, le socialisme cosmologique agirait contre ses propres convictions en écartant les religions ou la philosophie métaphysique, desquelles il peut encore attendre des intuitions et des révélations qui achemineront l'humanité vers de nouveaux progrès ou, ce qui dit la même chose, vers une conception plus claire du sens de la vie, car il n'y a que ce progrès qui soit véritablement un progrès réel et utile et qui donne la mesure à toute l'évolution humaine vers le progrès.

En affirmant ainsi le lien qui unit le socialisme cosmologique aux doctrines religieuses et philosophiques, nous sommes à même de définir ensuite nettement et clairement le domaine de l'action et de la vie des hommes qui doit, selon nous, être réservé et confié uniquement à la direction de la Raison, qui se base sur les connaissancees positives acquises par le travail et l'expérience intelligente des hommes.

Pour pouvoir confier la direction de la vie matérielle et intellectuelle, individuelle et sociale de l'humanité à la Raison pure, il faut que les connaissances positives acquises par les hommes soient assez développées pour permettre une synthèse qui forme la loi directrice pour toute l'activité pratique et théorique du genre. Il faut que cette synthèse fasse ressortir un but commun dont la réalisation par le travail intellectuel et manuel des hommes doit d'abord être assuré; en même temps, cette réalisation active doit provoquer chez eux le sentiment de satisfaction matérielle et intellectuelle de leur vie, donc le bonheur.

Pour atteindree cette maturité, l'humanité doit avoir suivi une évolution progressive très importante. Elle doit avoir réalisé un énorme progrès intellectuel et matériel.

Ce progrès est-il atteint actuellement par les hommes?

Nous osons affirmer qu'il est sur le point d'être atteint. Tous les événements actuels nous le prouvent; ils convergent tous volontairement ou involontairement vers ce but.

La synthèse à laquelle nous aboutissons est l'expression de ce mouvement et le résultat de l'évolution intellectuelle et matérielle de l'humanité jusqu'à nos jours, jusqu'au moment présent.

Cette synthèse exprime le fait que l'humanité de nos jours doit reconnaître clairement par sa raison **qu'elle a un but cosmique à réaliser par sa vie matérielle et intellectuelle,** but qui dépasse tout intérêt étroit des individus, des nations ou du genre humain tout entier.

Ce **but,** c'est la création, l'augmentation et le perfectionnement de la force de l'esprit conscient dans l'univers, par la conversion de la matière en Esprit, ou par la spiritualisation de la Matière.

Le **moyen,** c'est l'augmentation croissante de la population du monde, son éducation et son instruction en ce sens et la collaboration solidaire et unie de tous en vue de réaliser ce but.

Le **résultat,** c'est l'harmonie de la vie humaine avec la vie créatrice suprême de l'Univers et, partant, le sentiment de satisfaction matérielle et spirituelle qu'éprouvera l'humanité.

Les **conséquences principales** d'une telle orientation de la vie de tous seront la **paix durable entre les hommes,** leur solidarité basée sur l'unité du but de la vie de tous.

Nos divers essais :

« Considérations actuelles d'un Suisse » ;

« Le Socialisme cosmologique et les quinze principes d'organisation sociale de M. Ernest Solvay » ;

« Contre le Bolchévisme »,

qui traitent ce sujet, prouveront à ceux qui voudront les étudier, que cette orientation est à même d'unir aussi bien les partis orthodoxes que les partis extrêmes, jusqu'aux bolchévistes.

Il en ressort que le socialisme cosmologique qui lutte pour la réalisation du but cosmique par les hommes, sera toujours respectueux des religions, comme il l'est de la liberté individuelle et nationale.

Comme toutes les doctrines positivistes et réalistes, le socialisme cosmologique a, pour base des vérités proposées depuis des siècles aux hommes, sous forme d'articles de foi et de vérités inspirées que la raison humaine a fini par reconnaître comme justes en procédant par les méthodes scientifiques et expérimentales. La science est le prolongement de la Religion.

« La philosophie n'est qu'un retour conscient et réfléchi aux »données de l'intuition » (Bergson).

Ces connaissances positives ne sont donc en somme que le résultat voulu qui couronne l'enseignement et la longue lutte soutenue par les religions et par la philosophie transcendante. En proposant des vérités, inconnues et imcomprises encore, à la foi et au sentiment, elles ont poussé l'homme à réfléchir et à raisonner.

En exigeant aujourd'hui pour le domaine qu'elle possède dorénavant d'une façon certaine la pleine direction responsable de la vie pratique des individus et des peuples, la raison ne se met nullement en opposition avec la religion. Elle la décharge uniquement de cette partie de la tâche directrice, qui a été comprise et est devenue, par conséquent connaissance positive, en mettant de cette façon la Religion à même de préparer l'humanité à des progrès ultérieurs et à une assimilation raisonnable des vérités encore voilées à la raison discursive des hommes.

Le socialisme cosmologique, qui ne se base pour son action que sur la connaissance de vérités devenues positives, qui sont donc en harmonie complète avec les vérités contenues et enseignées par les religions, loin d'exclure les croyants, espère plutôt en leur collaboration active et énergique.

Comme tout travail matériel et intellectuel des hommes n'a d'autre sens ni but immédiat que la création, l'augmentation et le perfectionnement de la force spirituelle consciente, la vieille divergence entre le matérialisme et le spiritualisme doit s'évanouir. Ce ne sont plus des doctrines qui agissent en sens contraire, mais deux voies qui se complètent pour permettre à l'homme d'unir son action matérielle et spirituelle à l'action déterminée et voulue par la force créatrice suprême, dont l'homme devient, par une obéissance voulue, le collaborateur conscient et intelligent.

Le progrès et la paix de l'humanité sont dans cette orientation. C'est pour cela que la conception du socialisme cosmologique est, selon nous, un terrain d'entente générale, à même de donner une orientation plus sage à toute la vie matérielle et intellectuelle de l'humanité, tout en respectant l'entière liberté des croyances religieuses dont l'utilité et la nécessité pour l'évolution progressive du genre humain, est incontestable.

Le socialisme cosmologique restera toujours et par conviction le défenseur de la liberté de la conscience et de la liberté individuelle et nationale.

Conclusion

La recherche du « Sens de la Vie » nous a conduits à un résultat positif.

En considérant uniquement le monde phénoménal sans aucune transgression dans le transcendant, sans nous occuper de l'au-delà de la mort ni de l'au-delà du phénomène, nous arrivons à constater un phénomène central, palpable, certain, phénomène qui domine comme relation suprême toute la relativité du monde phénoménal et qui, par cela même, donne à la vie du Tout cosmique un sens et une orientation.

C'est l'apparition d'une force phénoménale et naturelle, nouvelle dans cette conception, pour les hommes. C'est une force qui elle-même évolue et progresse et qui par cela se distingue de toute la Nature phénoménale et la domine.

Nous savons que cette force, c'est l'Esprit devenant de plus en plus conscient de son être et de sa tâche, c'est la force où l'énergie qui se dégage de l'organisme humain créé par la Nature à cet effet et à cet effet tout seul.

Mais en même temps, nous constatons que c'est la force vitale suprême qui dirige les destinées du monde relatif, qui le fait évoluer et progresser dans le sens qu'elle s'est choisi, qu'elle a déterminé.

Et ce progrès s'accomplit et doit s'accomplir par la Nature sous la poussée de la force vitale suprême. Toutes les conditions sont posées et prévues — le progrès ne peut pas ne pas se réaliser.

Cette loi qui réalise le progrès agit d'une façon déterminée sur toutes les parcelles de l'Univers infini. L'humanité, comme parcelle de cet Univers, doit subir et subit tous les effets de cette loi; elle est l'instrument, le moyen par lequel le progrès cosmique se réalise avec ou contre sa propre volonté.

Cette loi, c'est elle le destin, c'est elle la fatalité qui domine toute la vie cosmique et, partant, la vie humaine, et qui déjoue tous les calculs humains qui ne s'accordent pas à cette loi qui veut ce progrès et aucun autre.

Tant que cette loi reste voilée ou inconnue, elle agira comme fatalité; elle cessera d'être fatalité dès qu'elle cessera d'être la grande Inconnue.

Or, cette loi centrale qui place le progrès cosmique dans la Création, l'augmentation et le perfectionnement de l'esprit conscient en puissance et en fait, crée un phénomène; elle agit dans le monde phénoménal qui est de notre ressort, qui est en relation avec notre organisme.

Elle est donc phénoménale dans ses effets et, loin d'être présomptueux de notre part de vouloir saisir par notre entendement le sens de cette loi, il est au contraire un devoir pour nous, imposé par le fait que nous sommes créés pour participer à la vie spirituelle qui n'est possible en nous que par les facultés spirituelles que la Nature a placées en puissance en notre organisme à cet effet, d'approfondir ce phénomène.

Il ne s'agit donc pas d'une explication de la force vitale suprême, il n'est question que de constater qu'elle agit, et qu'elle agit dans un sens déterminé.

Cette constatation, nous pouvons la faire et nous venons de la faire, et en la faisant nous restons dans le monde du phénomène.

Chacun reste libre de s'expliquer subjectivement cette force vitale comme il l'entend. Il peut en faire un dieu ou croire au hasard, peu importe, car le fait d'une finalité de la vie cosmique est là et c'est ce fait qui domine la vie cosmique et, partant, la vie humaine. C'est d'après ce fait que nous devons régler notre vie, que nous le veuillons ou non.

Il s'ensuit que la vie humaine est strictement déterminée. Il est par conséquent exclu que ce soit l'homme qui puisse se créer, en dehors du but cosmique, des buts et des fins et qu'il puisse trouver en lui-même son but et sa raison d'être. Il n'a qu'une liberté et qu'une autonomie, celle de vivre en aidant la Nature à réaliser la fin cosmique : « en créant, augmentant et en perfectionnant la force de l'Esprit » ou celle de souffrir et de se suicider finalement en vivant et en agissant contre ce but, contre sa nature.

A cette constatation et connaissance certaine d'une finalité déterminée pour sa vie, vient s'ajouter une constatation non moins importante pour l'homme : celle de la solidarité non seulement du genre humain, mais aussi la solidarité de substance et de tendance qui unit et doit unir homme et matière.

Cette constatation nous oblige à tirer de ce fait des conclusions qui doivent fatalement modifier l'attitude dominante actuelle que l'homme s'est formée vis-à-vis de la matière. Nous arrivons à conclure que l'homme a un devoir à remplir vis-à-vis de la matière, devoir qui exclut sa revendication de la posséder en propriété.

Par le raisonnement, nous arrivons ainsi à une conception analogue à celle des anciens, qui ne voyaient en la nature matérielle qu'une propriété de Dieu dont ils avaient l'usufruit. Cette conception religieuse était une connaisssance intuitive du fait qui, aujourd'hui, se découvre à notre entendement. Il s'ensuit que les valeurs matérielles créées par l'activité des hommes doivent, sans aucune altération, servir à la réalisation du but cosmique par tous les individus. Nous reconnaissons, dans cette connaissance, la vérité fondamentale qui pousse l'évolution collective vers une démocratisation toujours plus parfaite et finalement vers un communisme éclairé. C'est cette vérité qui n'est encore comprise que d'une façon instinctive et subconsciente par les masses, qui provoque selon nous les révolutions bolchévistes auxquelles nous assistons. Du fait que cette vérité se trouve par méconnaissance mal interprétée et mal réalisée, ces mouvements sociaux ont pris et prennent des directions fausses et nuisibles. Néanmoins, elles annoncent l'action évolutive vers un progrès ultérieur. C'est ce qu'il importe de bien comprendre à l'heure actuelle pour pouvoir orienter cette tendance qui cherche le chemin nouveau et qui s'en est égarée vers une direction plus conforme et plus concordante avec la réalité cosmique.

Les relations interhumaines ne pourront s'améliorer autrement, il faut que l'humanité reconnaisse tout d'abord la tâche cosmique que la Nature lui impose; c'est l'exigence suprême du moment, car sans cette connaissance elle piétinera sur place, tantôt secouée par des révolutions provoquées par des exigences matérielles exagérées, tantôt leurrée par un idéalisme utopiste qui provoquera un fanatisme non moins dangereux que le fanatisme bolchéviste.

La connaissance des faits que nous venons de signaler fait connaître aux hommes les moyens qu'ils ont à leur disposition pour conformer leur vie aux exigences cosmiques.

Un droit cosmique se découvre à leur entendement et leur permet de juger les effets de leur conduite.

Le but commun les unit entre eux ainsi qu'à la matière et il ne leur est non seulement possible de faire concorder leur vie avec leur destinée, mais en aidant cette destinée à s'accomplir par leur collaboration consciente, ils sont à même d'atteindre et de réaliser leur bonheur et leur plus haute destinée, tout en aidant la réalisation de la destinée cosmique toute entière.

C'est aussi le seul chemin par lequel il leur est possible de réaliser leur véritable liberté.

En affirmant, comme nous devons le faire, le déterminisme auquel est soumis la vie humaine, on pourrait nous reprocher de nier la liberté pour les hommes.

Et nous devons la nier si l'on veut comprendre sous le terme « liberté » une forme de vie qui permettrait aux hommes de déterminer eux-mêmes et en contradiction avec les lois cosmiques, le bien ou le mal de leurs actions.

Mais cela est impossible, car la Nature en créant les hommes pour réaliser un but déterminé, a par ce fait même déterminé ce qui, pour les hommes, est le Bien et le Mal. Et nous le répétons, le Bien, c'est la création, l'augmentation et le perfectionnement de l'esprit conscient, tandis que le Mal est dans toute pensée ou action qui néglige, entrave ou empêche la réalisation de ce but.

La liberté pour l'homme ne peut donc pas être absolue, si elle était telle il faudrait que l'homme puisse s'assigner une destinée à sa fantaisie, sans tenir compte de son état de relativité vis-à-vis du monde cosmique. Cela lui étant impossible de par sa nature même, il s'ensuit que la liberté de l'homme est déterminée, elle aussi, d'une façon absolument certaine.

C'est ce qui est en réalité le cas. La seule liberté à laquelle l'homme aspire et peut aspirer est celle de pouvoir réaliser sans entraves intérieures ni extérieures la seule destinée qui lui est assignée par la Nature.

Et la lutte pour cette liberté vaut les efforts les plus dévoués, elle vaut même le sacrifice de l'individu et des collectivités si des forces contraires tendent à l'entraver sérieusement.

Par le fait que le « Sens de la Liberté » se découvre clairement, la liberté ainsi comprise devient un programme déterminé pour la vie des individus et des collectivités.

La liberté n'ayant qu'un sens et qu'une signification absolument égale pour les individus et pour les collectivités, la fausse orientation qui tend à mettre la liberté individuelle en opposition avec la liberté de la collectivité, doit disparaître et faire place à une orientation qui unit et soutient l'effort individuel vers la liberté par un effort dirigé vers le même but par la collectivité.

Connaître et comprendre le sens de la liberté dans le sens d'écarter tous les obstacles intérieurs et extérieurs qui entravent l'action absolument libre et consciente des individus et des collectivités orientées vers la réalisation du but cosmique, équivaut à la rationalisation de l'idéal de la liberté.

Jusqu'à maintenant, l'Idéal de Liberté n'étant qu'une conception intuitive indéterminée, a pu donner et donne lieu à des explications et des conceptions fausses, comme c'est le cas dans le bolchévisme et dans le capitalisme, pour ne citer que ces deux tendances, tandis qu'une compréhension raisonnable de la seule liberté qui est accessible à l'homme et qui seule a de la valeur pour lui, donne à la vie humaine une direction unique et unifiante qui facilite et garantit par conséquent l'évolution pacifique du genre.

La réalisation de cette liberté exige de l'homme une action constante et déterminée non seulement sur la matière, mais autant sur lui-même et sur ses congénères; c'est là la véritable voie du progrès humain, individuel et social en même temps que celle du progrès cosmique.

Comprenant le sens de la liberté, l'homme s'achemine et atteint le règne de la liberté par le fait qu'il conçoit et qu'il ne veut réaliser que cette liberté conforme à sa destinée. A ce moment même où il commence à ne vouloir consciemment que cette liberté, il laisse derrière lui le règne de la nécessité, car alors il agit en toute conscience et librement en tout ce qu'il fait conformément à sa nature et à sa plus haute destinée.

Comme nous avons pu nous convaincre par l'exposé de cette conception cosmique de la vie, il faut que tout homme mette réellement à profit la vie, il faut qu'il déploie et épuise toutes ses énergies intérieures et ses ressources extérieures pour réaliser sa destinée et sa liberté bien comprise.

L'homme a **naturellement**, comme nous venons de le constater, un but qui dépasse immensément celui de tous les êtres inférieurs qui se trouvent comme lui sous la domination de la cause et de l'effet, but qui semble pour eux se borner à leur intérêt et à celui de leur conservation individuelle et de celle de leur genre. C'est parce qu'il est créé pour réaliser un but supérieur, que l'homme ne peut pas, de par sa nature, piétiner sur place et trouver sa satisfaction dans une vie purement matérielle, mais qu'il est forcé et contraint de remplir toute sa destinée en aidant, d'une façon de plus en plus consciente, volontaire et libre, à servir l'intérêt du Tout cosmique en créant, en augmentant et en perfectionnant l'esprit conscient dans l'Univers.

Par cela il affirme le rôle dominant de l'esprit non seulement dans ses manifestations cosmiques, mais d'une façon consciente, raisonnablement comprise et motivée, pour la vie humaine dans ses manifestations les plus humbles et les plus hautes.

L'homme ne s'assigne pas un but et des intérêts supérieurs en les créant hors de son imagination, non, il découvre et s'explique petit à petit la destinée qui lui est faite de par la Nature, il réalise le progrès que la Nature attend de lui. Il comprend et saisit toujours mieux la réalité dont il fait partie et, par cela, ce qui lui paraissait transcendant devient de plus en plus, selon le progrès qu'il réalise sous la poussée évolutive de la vie cosmique et par son propre effort intellectuel, une réalité phénoménale pour lui aussi.

Le règne du sentiment et de la nécessité qui gouvernait sa vie, s'efface devant le règne de la raison qui s'annonce et se lève.

Ce qui importe donc le plus, selon nous, pour arriver à faire comprendre à l'humanité cette parcelle de sa destinée qui est compréhensible et accessible à son entendement, c'est justement de porter à sa connaissance ce phénomène central et suprême, que : la création, l'augmentation et le perfectionnement de l'esprit conscient est le but de la vie cosmique toute entière et que l'humanité n'est, dans tout ce processus évolutif du Cosmos, qu'un organisme de réalisation que la Nature s'est créé pour arriver à la fin qu'elle poursuit. Par son action consciente et volontaire, elle devient la collaboratrice de la Nature, elle devient co-créatrice.

Ce n'est qu'en ayant constamment ce fait présent devant son esprit, que l'homme sera à même de comprendre et d'affirmer le rôle de l'esprit par lequel la pâte humaine est travaillée et levée pour le plus grand développement des plus hautes valeurs.

Certes, nous ne savons pas encore le but ultérieur que la Nature se propose en créant par la transformation de la matière à travers la forme humaine une force esprit qui, fatalement, doit se manifester dans la transcendance. Nous nous interdisons toute recherche dans ce sens, voulant absolument rester dans le domaine du phénomène.

Mais c'est justement en constatant par notre entendement cette finalité générale et centrale que la vie cosmique poursuit dans le monde des relations, que nous arrivons à pouvoir nous expliquer le rôle de l'esprit et la valeur du progrès de l'esprit dans les relations humaines.

Ce n'est que de ce point de vue cosmologique que nous arrivons à comprendre pleinement la nécessité de la solidarité du genre humain et de l'humanité avec le Tout cosmique, et c'est ce même idéal de solidarité que nous voyons recherché d'une façon intuitive par les peuples qui s'efforcent à faire vivre une Ligue de toutes les Nations. C'est la solidarité de substance et de tendance entre homme et matière, qui tend à s'affirmer, à quitter le subconscient, qui provoque dans le genre humain la crise et la lutte sociale avec ces aberrations bolchévistes et communistes, qui prouvent, d'une part, la nécessité d'un progrès dans ce sens, d'autre part, par leurs errements le fait que ce problème n'est qu'au réveil et n'est qu'à demi conscient à l'heure actuelle encore à l'intelligence humaine.

Le « socialisme cosmologique », comme nous voulons appeler la discipline qui se base sur les constatations qui font l'objet de cet essai, n'est donc pas une philosophie abstraite, c'est une règle de vie qui doit servir de guide à l'action individuelle et collective du genre humain.

Puisse cet essai contribuer, ne fût-ce que modestement, à orienter l'humanité vers la réalisation consciente et volontaire de la très haute destinée que la Nature assigne à sa vie!

Elle trouvera dans cette orientation la paix et le bonheur.

SCHELER, A., Histoire de la Maison de Saxe-Cobourg, 344 pages, grand in-8°, avec cinq tableaux généalogiques et le blason du duc de Saxe-Cobourg-Gotha. — Bruxelles 1846 . . . . 5.00

HOCHSTEYN. Maison royale de Belgique. Nos princes, de S. M. Léopold Ier à S. M. le roi Albert, gr. tableau. — Bruxelles, 1910 . . . . 1.50

HUBERT, J. La Chapelle seigneuriale de Boussu, réimprimé avec autorisation, par les soins de S. A. la princesse Pierre de Caraman Chimay, 18 pages avec le facsimile du mausolée de Jean de Hennin-Liétard, premier comte de Boussu (‡ 1562) et d'Anne de Bourgogne, son épouse († 1551). — 1919 . . . . 1.50

HELLA (Prof. E.). Le Siècle, les Hommes et les Idées.

OLTREMARE, P. Vivre. Essai de bisophie théorique. — 1919.

RAGATZ (Prof.). La Nouvelle Suisse.

HOCHSTEYN. Les termes de géographie dans les langues du globe. Liste des langues, dialectes, idiomes, patois et jargons du globe avec leurs abréviations. Liste des langues avec leurs monographies. Liste des langues : africaines, américaines, asiatiques, européennes, par Lucien Hochsteyn, collaborateur d'Elysée Reclus, 204 p., gr. in-8°. — Bruxelles 1906. 4.50

HOCHSTEYN, L. Les Chemins de fer vicinaux en Belgique en 1907. Concessions, construction, exploitation, traction, marche des trains, itinéraire, raccordements industriels, concessionnaires, bilan et dividendes. Liste des 3,362 localités belges desservies, 200 pages gr. in-8°. — Bruxelles, 1907. 3.00

KAECKENBEECK, G. International Rivers. A monograph based or diplomatic documents, 256 pages 8°, with map. — London, 1918 . . . . 20.00

OLLENDORFF. Méthode pour apprendre l'anglais, relié. 7.50